英語再学習
の技法

大園 弘 著

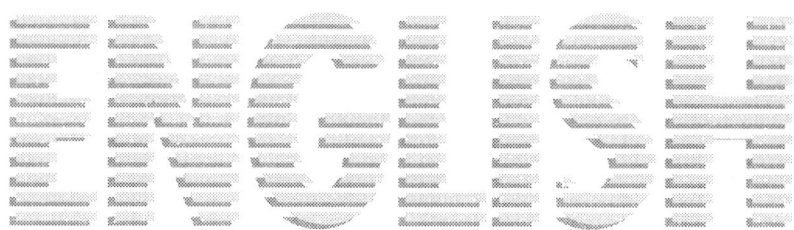

はしがき

　大学で英語を教えるようになって13年目を迎えた。非常勤先のクラスを加えると、これまでに100クラス前後を担当したことになる。一クラス50人とすれば、延べ5000人もの学生と接したことになる。はたして、彼らに知的刺激を与え得たのか、その点ははなはだ疑問だが、こちらが得た収穫は大きい。

　大学生は、一般的に、何が理解できていないのか。どのような点を苦手としがちか。筆者が学生から学び取ったのは、まさにそうした学生の英語力の実態である。皮肉な言い方に聞こえるかもしれないが、そんな意図はまったくない。

　学生の英語力の実態がある程度明確に把握できるようになってからは、「大学の英語」に対する考え方も、随分と変わってきた。以前は、ハイレヴェルの知識を学生に伝授することこそ「大学の英語」であると考えていた。しかし、彼らの頭の中には英文法の項目や知識が断片的かつ不正確に残ったままであるという実情を認識し始めてからは、そうした考え方が妄想に過ぎないということに気がついた。「大学の英語」で必要なのは、それらの断片を英文法全体の中にうまく位置づけ、不正確かつ不十分な知識を正確かつ十分なものに矯正することであると考えるようになった。「君が知っているつもりのこの項目は、実はこう理解すべきだ」と基礎レヴェルの説明を施してやると、「ああ、そうだったのか」と学生の理解が深まり、そこから満足感が生まれ、彼らの学習意欲が増すのだということも、実際に肌で感じるようになった。要するに、基礎的で平易な事項を正確に再学習させることが、結局は彼らの英語力を向上させるうえで最も効果的であるということを、学生自身が筆者に教えてくれたのである。

では、学生から学んだことを、彼らにどう還元できるのか。担当クラスの受講生には、もちろん授業を通じて指導が可能である。たが、英語の学習者は、本来、大学生に限ったわけではないし、同じ英語の学習者であるからには、誰もが大学生と共通の問題点を孕んでいるはずである。そうであるならば、一般の英語学習者に対しても、学習上の盲点なり要点なりを知ってもらうことは有意義であるに違いない。いかなる教育機関にも属さず、何らかの目的を抱いて熱心に英語を独習している人たちに対しては、なおさらのことである。

　筆者は、このような思いのもとに本書を執筆した。英語を学習し直す際に予備知識として理解しておかねばならない諸項目をまとめているので参考にしてもらいたい。また、独学で英語を再学習しようと考えている読者を想定し、学習上の方法についても1章をさいている。こちらも参考にしてほしい。本書が読者の方々の英語再学習を助ける一服の促進剤になれば、執筆の目的は達成されたことになる。

　末筆ではあるが、本書の出版に際し、ご高配を賜った大学教育出版の佐藤守氏のご厚意、ならびに編集部各位のご協力に心から感謝申し上げる。

1999年12月

著 者

英語再学習の技法

目　次

はしがき　*1*

序　章　再学習の前に ……………………………………………7
　　1　大学生はなぜ英語が苦手なのか　*8*
　　2　再学習への心構え　*10*
　　3　英語学習の意義　*12*

第1章　再学習の方法 ── 図形的整理の試み ── …………*17*
　　1　英文法の全体像を捉える　*18*
　　2　項目数を覚える　*21*
　　3　各項目をそれぞれ基本事項と特別事項に二分して整理する　*23*
　　4　問題集をうまく活用する　*27*
　　5　参考書の索引をうまく活用する　*28*
　　6　運用能力の養成方法　*30*
　　　　(1) 教　材　*32*
　　　　(2) 進め方　*32*
　　　　(3) 注意事項　*34*
　　7　語彙の増やし方　*34*

第2章　品詞の働きを理解する ……………………………*37*
　　1　動　詞　*41*
　　　　(1) 自動詞／他動詞とは何か　*42*
　　　　(2) 授与動詞とは何か　*43*
　　　　(3) 完全動詞／不完全動詞とは何か　*44*
　　2　名　詞　*46*
　　3　形容詞　*47*

4　副　詞　*48*

　　　5　前置詞　*48*

　　　6　接続詞　*50*

　　　7　代名詞　*51*

　　　8　間投詞　*54*

第3章　文の種類 ── 英文の3つの相 ── ……………………*55*

　　1　「文型」という観点　*61*

　　　　（1）第1文型：主語＋動詞〈完全自動詞〉（＋修飾語）＝S＋V（＋M）　*63*

　　　　（2）第2文型：主語＋動詞〈不完全自動詞〉（＋修飾語）＝S＋V＋C（＋M）　*63*

　　　　（3）第3文型：主語＋動詞〈完全他動詞〉（＋修飾語）＝S＋V＋O（＋M）　*64*

　　　　（4）第4文型：主語＋動詞〈授与動詞〉＋間接目的語＋直接目的語（＋修飾語）＝S＋V＋IO＋DO（＋M）　*65*

　　　　（5）第5文型：主語＋動詞〈不完全他動詞〉＋目的語＋補語（＋修飾語）＝S＋V＋O＋C（＋M）　*65*

　　2　意味（内容）の表現形式に基づく観点　*69*

　　3　節の数と節同士の関係という観点　*70*

　　　　（1）重　文　*70*

　　　　（2）複　文　*71*

　　　　（3）混（合）文　*74*

第4章　準動詞 ……………………………………………*75*

　　1　準動詞とは何か　*76*

2　名詞の働きをする準動詞　*82*
　　3　形容詞の働きをする準動詞　*86*
　　4　副詞の働きをする準動詞　*90*
　　5　分詞構文　*92*

第5章　時　制 ……………………………………………*97*
　　1　現在時制　*100*
　　2　過去時制　*101*
　　3　未来時制　*102*
　　4　現在進行時制　*103*
　　5　過去進行時制　*104*
　　6　未来進行時制　*105*
　　7　現在完了時制　*106*
　　8　過去完了時制　*108*
　　9　未来完了時制　*109*
　　10　現在完了進行時制　*110*
　　11　過去完了進行時制　*111*
　　12　未来完了進行時制　*111*

終　章　基礎項目チェックリスト ……………………*113*
　　1　再学習のためのチェックポイント　*115*
　　2　覚えておきたい不規則変化動詞一覧　*118*

序 章

再学習の前に

1　大学生はなぜ英語が苦手なのか

　大学2年生の男女143名（国立大学文系48名・国立大学理系51名・私立大学文系44名、計143名）を対象に、「英語」への認識をアンケート形式で調査したことがある（1999年7月）。「あなたは英語が重要だと思いますか」という質問に対しては、全体の約93％に相当する133名の学生が「重要であると思う」と回答した。「英語は今や世界の共通言語だから」、「英語が話せれば、英語圏の人々との交流が可能だし、それによって自分の教養を高めることができるから」、「大学院進学後に英語で書かれた論文を読んだり、英語で論文を書いたりしなければならないから」、「英語圏の人々と友達になりたいから」、「英語ができれば、就職や就職後の昇進に有利だから」などなど、学生たちが挙げた理由は、これ以外にも、漠然としたものから、かなり具体的、現実的なものまで、実にさまざまであった。
　ところが、「重要である」と認識する英語が「苦手である」と回答した学生の割合が9割以上にのぼるということも、同じ調査で明らかになった。「苦手である」ということが、必ずしも「英語ができない」ということを意味するものではないとはいえ、自分の英語力に自信が持てない学生が相当数いるのだという現実をあらためて思い知らされる調査結果であった。授業を通じて察してはいたものの、大学生の「学力低下問題」は、やはり英語にも当てはまることを認めざるを得ない。高校卒業までにすでに6年間の学習経験を持ち、普段から英語と接触のある大学生の場合ですらこうであるからには、英語への苦手意識は、日本人全般に当てはまるに違いない。
　では、英語は重要であると認識しながらも英語に苦手意識を抱く学生が、

何故かくも大多数を占めるのであろうか。中学・高校での教授法の問題点や、英語の学習開始時期の問題をはじめ、学習者自身の意欲の問題などなど、大小さまざまの原因が考えられる。だがここでは、しばしば指摘されるそうした側面以外の、比較的見落とされがちな問題点を掲げておきたい。「英語を勉強しなくて済む条件があまりにも整いすぎている」というのがそれである。この点を、実際の状況に即して考えてみよう。
　まずは、日常生活。当然のことながら、日本で —— 日本語で —— 暮らしている限り、英語がまったく理解できなくても、日々の生活に支障をきたすことはない。英語と接することがあるとしても、通りすがりの外国人に英語で道を尋ねられたり、テレビや映画館で洋画を観たり —— 日本語字幕や日本語吹替えで内容を追っていくことができる —— 、学生であれば、英語の授業のときぐらいのものである。
　次に、英語と向かい合わざるを得ない中学生や高校生の場合はどうだろうか。英語が不得意な生徒であれば、毎回の授業や定期試験がさぞかし苦痛であろう。しかし、たとえ英語ができないとしても、その他の主要4科目が優秀であれば、よほどの完璧主義者でない限り、そのために劣等感にさいなまれることはないのではなかろうか。高校入試や大学入試の場合を考えてみよう。英語の「足切り点」が設けられている場合を除けば、A君（国語80点＋社会90点＋**英語30点**＝合計200点）の合格は、B君（国語50点＋社会50点＋**英語100点**＝合計200点）の合格と同じ得点の合格である。しかも、はなはだ不思議なことに、日本では、英語がまったく理解できずに終わっても、なぜか「所定の課程を修了した」ものとして、中学・高校を卒業することができる。
　海外旅行の場合はどうであろうか。日本人旅行客が集中する観光地のホテルやデパートやレストランでは、けっこう日本語が通じるものである。アメリカ、ラス・ヴェガスのある遊技場には、カジノの手ほどきをしてく

れる日本人スタッフがいるというから驚きだ（日本の企業が海外に資本投資をすればするほど、現地の人々は日本語を勉強する必要に迫られ、その結果、海外で日本語が通じる状況は、ますます拡大するのではないだろうか）。また、万一困った事態に遭遇した場合は、日本領事館に電話をかけて、適切な指示をあおぐか、クレジット・カード会社か何かの海外サービス・デスクに連絡をとって、相談にのってもらうかすればよい。

英語で手紙やレポートや論文を書かねばならないとすればどうであろうか。英語ができる友人に頼むのがてっとり早いが、経済的、時間的に余裕があれば、翻訳会社に依頼するという手があるし、パーフェクトではないにせよ、パソコンの翻訳ソフトも便利らしい。

例を挙げるときりがない。国際化や情報化が進めば進むほど、英語が重要になってくるのは確かだが、その反面、それと同時に日本語で用が足せるネットも各方面にわたって拡大していき、英語を学ばなくても済む条件が一層整っていくという側面があるということも忘れてはならない。

2　再学習への心構え

英語を勉強せずに済む条件があまりにも整いすぎているために、学習への意欲や動機がそがれてしまい、結果として、英語の苦手な学生が大多数を占めてしまうのも無理はない。しかし、それでも英語は重要だ、と考えるのであれば、「勉強せずに済む」というこの極めて不利な学習環境に屈しないだけの強い意志をもって英語の再学習に挑戦してみてはどうだろうか。再学習を通じて、中学や高校時代に理解できなかった文法項目が、意外と簡単だったのだな、ときっと気がつくはずである。なぜならば、再学習を

開始する段階での頭脳は、中学生や高校生のときの頭脳とは異なり、それまでに諸々の学科の学習や人生経験を経た結果として、物事を理論的に考察し会得するといった「大人の頭脳」へと成長を遂げているからである。要は、再学習を開始する決意と、学習を持続する意志である。

　だが、必要なのは、もちろん強い意志ばかりではない。学習の姿勢もまた再学習の際に重要な要素である。読者の中には、「では、心機一転、英会話学校か英語の専門学校に通ってみよう」と決意を新たにする人がいるかもしれないが、そうした手段は、無意味だとは言いきれないが、得策ではない。指導者（教師）が存在すると、指導者の側が授業の主導権を握りがちとなり、学習者はそのために主体性を失いがちになってしまいかねない。また、指導者も学習者も人間である以上、指導者との相性の悪さが、再学習の意志をくじいてしまう危険性も潜んでいるからだ。要するに、「教えてもらう」という高校までの受け身の姿勢を、自ら学び取っていくのだといった主体的な姿勢に切り替えることが肝心なのである。数々のハンディキャップを覚悟で独習に徹し、独学の苦労の中から独自の学習パターンなり学習方法を自ら確立しなければ、再学習の成果は期待できない。

　そして何よりも重要な点は、英語を実際に使ってみることである。英語は、それ自体、思考や情報などを伝達する「手段」である。「道具」と言い換えてもよい。「道具」であるからには、その道具についての知識がどれほど豊富であろうとも、自在に使いこなすことができなければ意味はない。運搬（輸送）手段たる自動車の知識が十分であっても、実際にハンドルを握って運転できなければ、自動車も自動車に関する知識も無意味であるのとまったく同じ理屈である。まずは、自動車を運転するための知識が必要である。その次に、実際に自動車を運転してみて操縦の感覚を体で覚えなければならない。英語の場合も同様に、まずは、学習によって知識を身につける。その次に、体（手や口）を使って感覚をみがくのである。では、

英語をどのように使ってみるのか。その点については、次章の〈運用能力の養成方法〉の項目で述べている。そちらをご参照いただきたい。

3 英語学習の意義

　さて、英語再学習の方法と学習上の具体的なポイントを紹介する前に、もう1点だけ付け加えておきたいことがある。英語学習の意義についてである。

　さきほど、「英語を勉強しないで済む条件があまりにも整いすぎている」と述べたが、もちろん、「だから英語を学習する必要なんてありません」と言いたかったわけではない。アンケート調査の学生たちが答えてくれたように、英語に堪能であれば、さまざまな利点があるのは確かである。「うちの会社では、トーイック（TOEIC）の得点が800点ぐらいなければ採用いたしません。」筆者が学生の就職先開拓のために訪れたある企業の幹部はそう語っていた。今や、「英語ができれば有利」というよりも、「英語ができなければ話にならない」時代であることを痛感させられる一言だった。

　しかし、英語の学習は、このように時代や社会の要請に応えたり、各種受験や海外旅行に備えるといった「実利的な」目的達成だけのためにあるのではない。もちろん、大学受験合格をはじめとする何らかの具体的な目標に向けて学習に励み、その結果英語力が身につけば、それはそれで結構なことである（「受験のための英語」は、何かにつけ批判の矢面に立たされるむきがあるが、筆者はむしろ肯定的な捉え方をしている。英語が受験科目から外されようものならば、学生の英語力は、ますます低下するであろう）。しかし、そうした具体的目標を達成することができなくても、また、

そもそも学習の目的がない場合ですら、英語学習の意義はあるのだ。では、その意義とは何なのか。私見を述べる前に松本君という学生を読者の方々に紹介させてもらいたい。

　現在、松本君は、筆者が勤務する大学の法学部（夜間部）の3年生である。2年余り前のことだが、彼は、筆者が担当する1年生の英語クラスに登録されていた。新学期が始まって間もないある日の授業で、筆者は受講生全員に対して、「年間24回程度の授業で英語力が身につくと期待してはいけない。実力をつけるためには独習が欠かせない。本当にやる気があるなら、学習方法を指導するので研究室に来なさい」という趣旨の発言をした。振り返れば、この13年間、同じ発言を何度繰り返してきたか数えきれない。筆者のこの言葉に触発されて、実際に研究室に訪ねてきた学生は、これまでに10名ほどであろうか。松本君もそうした学生のひとりだった。筆者は、以前の他の学生の場合と同様に、ある問題集を彼に手渡し、指定期日までに一定量を解いてくるようにと指示をした。本当にやる気があるかどうかを測るための常套手段である。これまで、大半の学生が、残念ながらこの第1ステージをクリアできずに、1回限りの訪問に終わっているのだが、松本君の場合は違っていた。いくつかのミスが見つかりはしたものの、彼のノートには努力のあとをはっきりと見てとることができた。その後、長期休暇と定期試験の時期を除く週1日、1時間半の彼の研究室訪問は、今も続いている。

　松本君の英語力は、現在、2年前と比較にならないほど向上している。言語に対する感覚がとぎすまされてきたという印象が強い。

　そして、二人三脚の開始からちょうど2年目を迎えた今年6月頃のことである。雑談の中で、彼はこう語った。「真剣に英語の学習に取り組んできて、日本語自体にも随分と注意深くなりました。」たかだか週1回1時間半程度のボランティア活動も、通算するとかなりの時間数に及ぶ。しかし、

彼のこの一言で、筆者のボランティア活動は報われた。彼が重要なポイントに自ら気づいてくれたからである。

以上が松本君の紹介である。英語を学習していると、彼が語ったように日本語にも無頓着ではいられなくなる。英語の学習が本質的には日本語との対比のうえに成り立っているという一面を考えれば、これはむしろ当然のことなのかもしれないが、英語の学習を通じて日本語にも敏感になれるような学生は、実際には非常に数少ない。

では、「英語の学習から日本語に目覚める」とは、どういうことなのか。その点を「文の主語」という問題を例に考えてみよう。英語では、くだけた会話や日記などの特別な場合を除いて、主語が省略されることはない。その一方で、日本語では、往々にして主語が省かれる。ことに「私」の場合にはその傾向が顕著である（学生の長文和訳の難点でもあるが、センテンスごとに、すなわち、主語が出てくるたびに、主語を訳出してしまい、その結果、全体の和文が、ぎくしゃくした不自然な流れになってしまうのは、日英両言語の差異に無頓着であるためだ）。

英語と日本語とでは、主語の扱い方にどうしてこのような違いが生ずるのであろうか。「言語は、精神文化の表れである」という通念に基づけば、文化的側面にも目を向けなければならないであろう。ならば、英米の場合はさておき、日本語で主語を、特に「私」を省く傾向を生み出す日本文化の特質とは何なのか。こう考えていくと、「私」を表に出さないことを美徳と捉える日本人特有の価値観や、そこからさらに、「和」を重んじるという伝統が即座に思い浮かぶし、文化を育む一要因たる地理的条件を考えに入れるとすれば、日本が島国であるということや、宗教（仏教）の影響もあるのかもしれない。比較言語学の専門家ではない筆者には、この問題に関して、学説を踏まえた詳しい解説はできないが、こうしたさまざまの要因が絡み合って、「私」を中心として主語を省きがちであるという日本語の特

質が育まれたのであると推測できる。

　英語に限らず外国語を学ぶということは、このように、日本語の特徴や、日本語の背景にある日本の文化を、外国語との対比によって客観的に捉え直す重要なきっかけとなるのである。英語学習の本来的な意義は、まさにこの点にこそあるのではないだろうか。

　日本人は、元来、非常に情感の豊かな民族であって、言語に対する感覚も鋭い。5・7・5のわずか17文字で、一つの世界観を表現したり、読み取ったりすることができる。また、言葉を介することなく、相手の表情からその心中を察する能力に長けている。だが、そうした優れた特質にマイナス面がないわけではない。思考を言葉によって論理的に展開する能力が育まれにくいというのがその最大の欠点であるし、不正確な表現であっても、趣旨が汲み取れればよしとして、その不正確な日本語が矯正されないままにまかり通ってしまうといった憂うべき事態も招いてしまう。ある本の著者も挙げていた例だが、通勤電車の車内や駅のプラットホームで、「次の停車駅は、○○に止まります」というとんでもない放送を聞いて、「あれっ？」と反応する正常な乗客が一体どれくらいいるのであろうか。日本語のこうしたマイナス面を是正する意味でも、読者の方々には、真剣に英語を学習し直してほしいものである。

第1章

再学習の方法
（図形的整理の試み）

　「英語力を身につけるためにはどうすればよいのですか？」学生からよくこのような質問を受ける。「国際化」や「情報化」という流行語に伴って、英語の重要性が強調される時勢を反映してか、学生の英語力の低下傾向とは裏腹に、彼らの英語に対する関心と需要は、依然として高い。
　「学問に王道なし。」使い古された表現だが、真理を言い当てている。地道な努力なくして、知的成長は望めない。しかし、自称努力家といえども、費やした時間と労力の割には、さほど実力が伸びていないというケースも珍しくはない。つまり、努力と同時に学習のコツを心得ていなければならないというのもまた真理である。
　英語に精通している者であれば、誰もが独自の学習要領を身につけているものである。その具体的な中味には個人差があるだろうが、筆者の場合は、次に掲げるとおりである。

1　英文法の全体像を捉える

　英語力の基礎は英文法である。英作文にせよ英文解釈にせよ、文法力が身についていなければまったく歯が立たない。会話力にしても、われわれはネイティヴではないのだから、はじめは文語調の、すなわち、英作文調

の表現からスタートし、慣れるにしたがって口語調の表現を一つ一つ身につけていけばよい。語彙力その他も二の次である。

　まず、英文法の全体像を捉えることが肝心である。学習の場合に限らず、自分がこれから取り組もうとする対象の全体像が見えていなければ、何となく不安であるし、どこから、どう切り込んでいけばよいのか見当すらつかない。では、英文法の全体像をどう捉えればよいのか。

　本棚に並んでいる英文法関係の問題集なり参考書を取り出して確認するまでもなく、その類の書籍の冒頭には、かならず「目次」が掲げてある。その目次の全項目が、英文法の全体像である。したがって、どれか1冊の目次を英文法の全体像として把握してもよいのだが、もう少し工夫のしようがある。

　できれば、最低3冊分の目次に目を通してほしい。すると、どの書物にも掲げられている項目と、そうでない項目があることに気がつく。項目内容や項目数の違いが、著者の観点やその他の要因によるものであるということは言うまでもない。重要なのは、どの書物にも共通して掲げられている項目があるのだという点を再認識することである。

　書物の違い、すなわち、執筆者の違いを越えて共通している要素（項目）は、それだけその項目が基礎的かつ重要であるということを物語っている。だから、それらの項目を実際にノートに書き出してみてはどうだろうか。ちなみに、筆者の手元にある大学生向けの英文法のテキストの中から任意に3冊を取り出してみると、それぞれの目次は（**図表1**）に掲げるとおりである。A、B、C3冊の目次項目が、ほぼすべてにわたって共通していることがわかるであろう。このような確認作業と同時に、3冊の共通項目を実際に書き出してみるのである。学習者オリジナルのノートづくりの第一歩である。A、B、C3冊の場合だと、以下のような目次設定となるであろう。

図表1

テキストA	テキストB	テキストC
1. 文	1. 語順・文型	Lesson 1. 名詞
2. 名詞	2. 品詞・修飾語句	Lesson 2. 冠詞
3. 代名詞	3. 名詞・決定詞	Lesson 3. 動詞
4. 形容詞	4. 代名詞	Lesson 4. 文の種類（1）
5. 冠詞	5. 形容詞	Lesson 5. 文の種類（2）
6. 副詞	6. 否定	Lesson 6. 時制（1）
7. 比較	7. 疑問	Lesson 7. 時制（2）
8. 関係詞	8. 現在時制	Lesson 8. 時制（3）
9. 動詞	9. 進行形	Lesson 9. 不定詞
10. 時制	10. 過去時制	Lesson10. 動名詞
11. 助動詞	11. 現在完了時制	Lesson11. 分詞
12. 法	12. 過去完了時制	Lesson12. 助動詞（1）
13. 態	13. 未来時制	Lesson13. 助動詞（2）
14. 不定詞	14. 助動詞	Lesson14. 形容詞
15. 動名詞	15. 仮定法	Lesson15. 副詞（1）
16. 分詞	16. 不定詞	Lesson16. 副詞（2）
17. 話法	17. 動名詞	Lesson17. 受身文
18. 前置詞	18. 分詞	Lesson18. 関係詞
19. 接続詞	19. 受動態	Lesson19. 代名詞・数量詞
20. 倒置・省略・一致	20. 関係詞	Lesson20. 前置詞
		Lesson21. 接続詞
		Lesson22. If節

※ 図表に取り上げたテキストは、次のとおりである。

テキストA：柴田 正、『大学英語文法』（金星堂、1990）

テキストB：山本 家道、『大学基本英作文法』（松柏社、1992）

テキストC：奥田 隆一、広瀬 浩三、『英文法・英作文 ── 誤りやすい表現中心』（弓プレス、1986）

《テキストA、B、Cの共通目次項目》
1. 文（の種類）
2. 名詞
3. 動詞
4. 形容詞
5. 副詞
6. 前置詞
7. 代名詞
8. 接続詞
9. 冠詞
10. 助動詞
11. 関係詞
12. 時制
13. 不定詞
14. 動名詞
15. 分詞
16. 受動態
17. 仮定法

2　項目数を覚える

　さて、この段階で是非実行してもらいたいことがある。以下に続く段階の場合にも当てはまることだが、それぞれの段階で一通りの作業を終えたら、整理した項目をノートに実際に書き出してみるだけではなく、書き出した項目の総数を暗記してほしい。先の目次の場合だと、目次の総数（英文法の全体像）が17項目あるのだ、としっかりと覚えてほしいのである。

項目の総数を覚えてみても、個別の項目の内容がわからないままでは、もちろん意味はない。しかし、項目の数を覚えておくと、意外な効果があるようだ。「私はこれから？？個の文法項目を習得するのだ」ということがわかっているのとわかっていないのでは、安心感や意欲の点で随分と違いがある。仮に20の目次を設定したとして、ひと月で4つの項目を整理し終えたとする。すると、「全体の5分の1を終えたのだ」、と再学習の進度を自ら客観的に把握でき、相応の満足感と次の学習への活力を得ることができる。

　それだけではない。項目の数を覚えておくと、復習のきっかけができ、その結果、学習の効率が上がる。一例を挙げよう。（文法項目の1つに位置づけるか否かは、主観によるところだが）名詞の種類を5通り（普通名詞・固有名詞・集合名詞・物質名詞・抽象名詞）ノートに書き出したとする。名詞の種類は5通りである、ということを暗記することは、それら5通りの名称とそれぞれの要点を暗記することに比べれば、はるかに楽であるし、記憶に長くとどまっているはずである。したがって、半年後にたとえ5つの名詞の名称をすべて思い出せなくても、5通りあるのだということを覚えておきさえすれば、1つであれ2つであれ、思い出せなかったものを自作のノートで再確認（復習）すればよい。こうした作業を2、3度繰り返せば、必要事項がほぼ完全に記憶として定着する。

　人間である以上、不快感から逃れたいという欲求は、誰もが備えている。だから、「思い出せない残りの○個は何だったっけ？」という不快な状況に直面すると、その不快感を解消するために、それらを再確認（復習）してみたくなるものである。項目の数を覚えることは、このように、適度の不快感を学習者に感じさせ、結果として学習の効率を高めてくれる作用がある。

3 各項目をそれぞれ基本事項と特別事項に二分して整理する

　英語再学習の第2段階は、項目別の内容整理である。準備しなければならないのは、複数の文法の参考書である。
　参考書といえどもオールマイティではない。ある文法項目について難解な解説や曖昧な説明が施されている場合がある。1冊の参考書のみに頼るとすれば、このような場合に、にっちもさっちもいかなくなり、再学習計画が挫折しかねない。だから、複数の参考書が必要となる。
　4冊揃えるほどでもないが、2冊だと少々不安である。3冊というのが妥当なところだ。同一項目について、3冊の解説に目を通せば、おおよそのポイントは理解できるし、ある1冊の説明が難解・曖昧な場合も、他の2冊がその点を解消してくれるはずである。同一項目について3冊分の解説に目を通すわけだから、学習時間は、その分だけ増す。再学習の過程で一番努力を要する作業だが、「急がば回れ」の精神に徹する覚悟が必要である。
　では、個別の項目をどう整理すればよいのか。
　すべての文法項目はそれぞれ基本事項と基本を越えた特別事項に二分できると筆者は考えている。もちろん、基本事項と特別事項という区別がもともとあるわけではない。したがって、何を基本事項・特別事項として捉えるのかを学習者自身で判断することは難しいが、各項目の定義や基本的なパターンを基本事項の目安としてほしい。一方、文法項目には、多様なパターンがつきものであり、いわゆる「公式」どおりにはいかない厄介なものが必ず登場してくる。それらが特別事項に該当するものである。
　例を示そう。先に挙げた「名詞」の場合だと、5つの種類を基本事項として捉える。また、その5つは、さらに「可算名詞」・「不可算名詞」に二分できるので、この点も併せて基本事項として整理する。一方、単一の名詞が意味によっては抽象名詞であったり普通名詞であったりすることが

あり（例：“beauty”「美」＝抽象名詞、「美点」＝普通名詞）、それによって冠詞（“a”“the”）の要・不要や可算・不可算という点にまで気を配らねばならない。また、固有名詞には原則として冠詞をつけないのであるが、状況に応じて冠詞が必要となる（例：“a Shakespeare”「シェイクスピアという人」・「シェイクスピアの作品」・「シェイクスピアみたいな人」、“the Shinano”「信濃川」など）。いずれも比較的ポピュラーな「注意事項」であるとはいえ、この他にもいくつか「名詞」に関する厄介な用法がある。これらを特別事項として整理すればよい。

　もう1つ例を挙げておこう。「不定詞」である。不定詞には、名詞的用法・形容詞的用法・副詞的用法の基本的3用法があり、副詞的用法については「目的」・「原因／理由」・「条件」・「結果」など、意味の「守備範囲」が広いことは、経験上知っているであろう。それらの知識を念のため参考書で再確認したうえで基本事項と位置づければよい。しかし、不定詞について学習が進むにつれ、「独立不定詞」・「完了不定詞」などなどが登場してくる。それらの項目のうち、学習者にとってすでに馴染みの深いものは基本事項に数えてもよいし、そうでないものを特別事項として整理するだけのことである。

　ただし、この第2段階では、次の点に留意してほしい。基本事項であれ特別事項であれ、それぞれの項目には必ず実例を掲げておいてもらいたい。項目によっては、「目次」の場合のようにコンパクトな見出し語の形に収まらず、数行にわたる説明文調の内容になってしまう場合がある。中味が膨れ上がるにつれ、学習意欲は減退しがちである。「論より証拠」ではないが、実例を覚えておきさえすれば、このような場合に要点がたちどころに甦ってくる。

第1章 再学習の方法

図表2

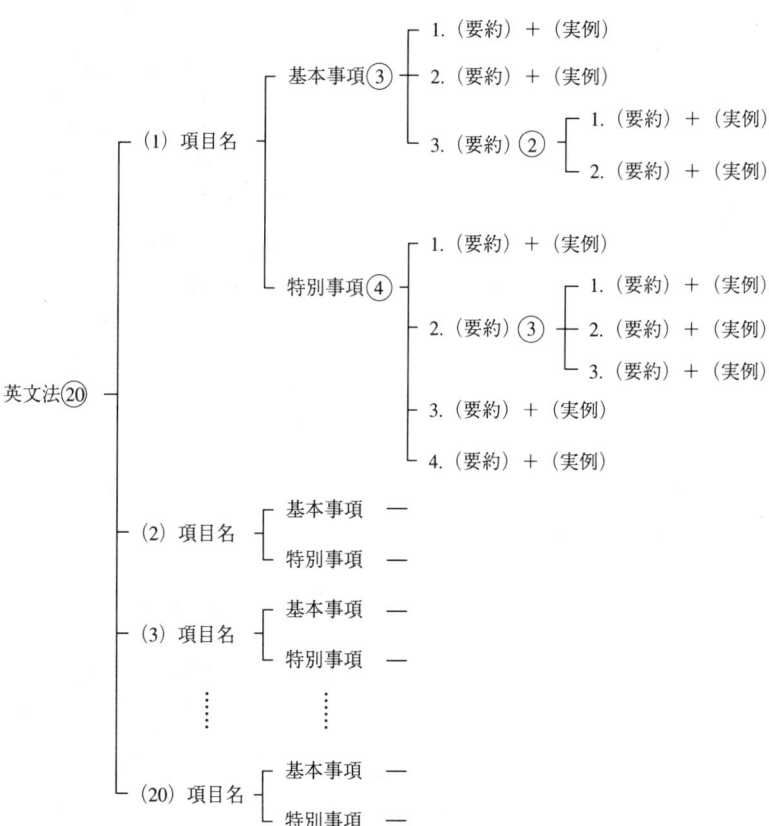

※ ○印内の数字は、任意の項目数を表す。

26

図表3

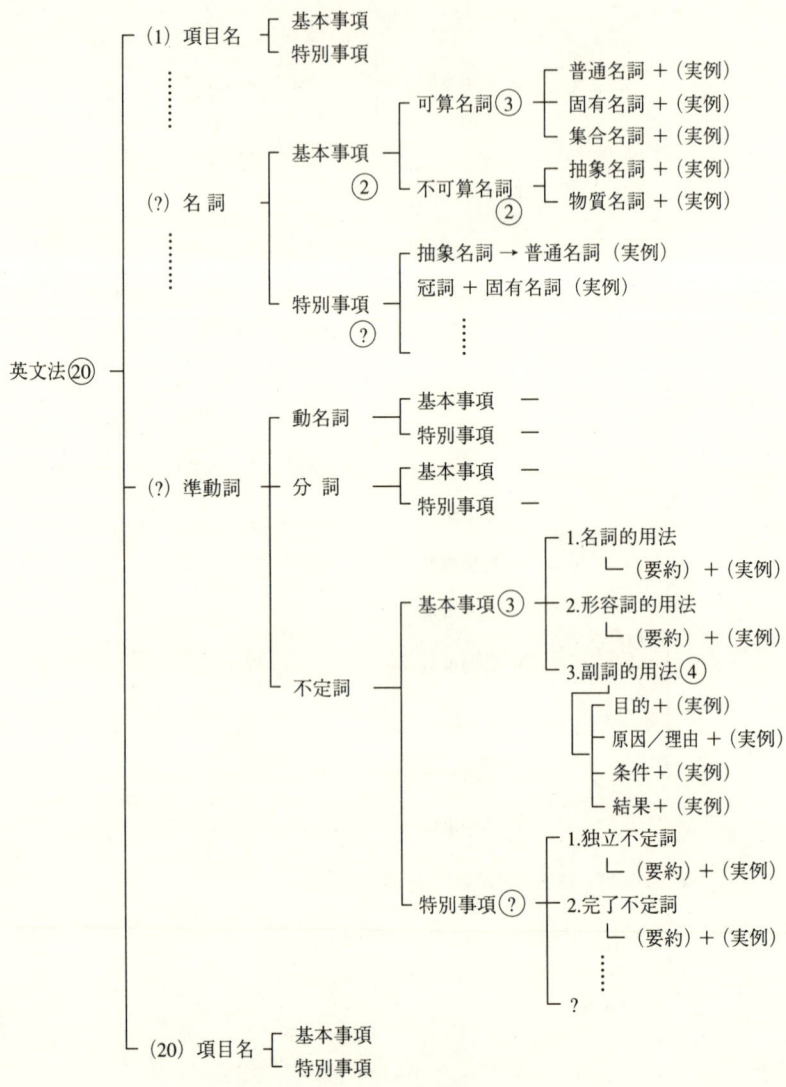

※ 〇印内の数字は、任意の項目数を表す。

以上が再学習の方法の骨子である。現段階で図表2がイメージできればよい。また、この図表にしたがって、解説の中に例示した名詞と不定詞を当てはめれば、さらに図表3のようになるであろう。なお、誤解がないように述べておくが、図表2、3は、あくまで頭の中でのイメージであって、実際にそのような図表を作ってみなさいと提言しているのではない。そんなことをしようものならば、たとえ米粒サイズの字で記入しようとも、大判の模造紙にすら収まりはしない。

4　問題集をうまく活用する

さて、再学習のコツは呑み込めただろうか。だが、学習はこれで終わりではない。苦労して整理した項目についてさらに理解を深め、これを血肉としなければならない。そのためには、整理した項目関連の練習問題をできるだけ数多く解いてみることが必要である。同一項目について、練習問題を10問解いた人よりも20問解いた人の方が、その項目に対する理解度が深まるのは当然のことである。英語力は、このように、練習問題の消化量に比例して着実に向上するものであるからだ。見出しには「問題集」と記したが、参考書であれば、単元ごとに練習問題が設定されているので、まず、それを消化することをお薦めする。

そして、実際に問題を解く際には、次の点を常に念頭に置いてほしい。当然のことだが、一つ一つの問題には、それぞれ正答を得るためのポイントが隠されている。50問あれば、50個のポイントがあるわけだ。したがって、問題に取り組む際には、ポイントを読み取るという姿勢を忘れてはならない。

問題を解いてみて、もしポイントが見抜けなければ、つまり、難しいと感じるならば、項目の整理が不適切もしくは不十分であることを意味する

わけだから、解答の解説なり項目の本文を再読するなりしてポイントを確認したうえで、自作のノートにその分を付け足していけばよい —— この意味では、解説の充実度が問題集を選択する際の決め手となる ——。練習問題を解くことは、このように、知識を再確認したり、深めたりするだけではなく、見落とした項目に気づかせてくれるきっかけともなるので、必ず実行しなければならない。

　さらに、もう1点だけ実行してほしいことがある。最初に述べたように、英語力は練習問題を消化した分だけ身につくのだが、どれだけ多くの練習問題を解いたとしても、1回限りの解きっ放しではほとんど意味はない。練習問題を通じて一度理解したつもりの項目が、何週間か何か月かがたつうちに記憶から薄れていくという経験は誰にでもあるはずである。天才でもない以上、それは、われわれ凡人にとって、むしろ当たり前のことなのだ。だからこそ、同じ練習問題を2度、3度と繰り返すことによって、より確かな知識にまで高める努力を怠ってはならない。

5　参考書の索引をうまく活用する

　個別の文法項目の内容を整理し、練習問題を数多く何度も繰り返して解くことにより、それぞれの項目に関する知識を一層確かなものにすれば、その時点で、基礎段階での学習は、ひとまず完了したと考えてよい。

　次の段階では、それまでの学習で身につけた知識を基に、長文を読んで読解力を養ったり、英作文を通じて運用能力を培ったりしなければならない。また、当然のことながら、語彙を増やしていくことも必要である。だが、その前に、基礎段階での学習をより一層充実させる方法を、もう1点だけ付け加えておきたい。

　読者の方々は、参考書の類にほぼ例外なく「索引」（インデックス）がつ

いていることをご存じのはずである。ある項目を調べる場合に、該当する項目が目次に掲げられていなければ、索引を確認するのではないだろうか。たとえば、「修辞疑問文」という項目は、疑問文のみを論じた専門書や大部の参考書でもない限り、目次に登場することは極めて稀である。そこで索引を手掛かりに、「修辞疑問文」の説明が施されているページを参照することになる。

　つまり、索引には、目次に掲げるほど主要ではない項目が数多くリストアップされているわけだ。しかし、「主要でない」からといって、索引掲載の諸項目が「重要ではない」というわけでは決してない。索引のすべての項目は、必ず目次のどれかに属しており、その目次項目の一部を構成する重要な要素なのである。

　であるならば、索引は、英語の再学習にうまく活用できるはずである。索引に示されたページを開いて内容を確認する前に、まず、その項目がどういった目次項目の構成要素であるかを考える。思い当たらなければ、指示されたページを実際に開いてみて、どの目次項目の一部であるかを確認すればよいし、思い当たるのであれば、該当する目次項目を構成する他の要素も併せて思い出してみるとよい。要するに、索引に掲げられた単一の項目から、周辺の関連項目が同時にイメージできればよいのである。先ほどの「修辞疑問文」であれば、修辞疑問文がどういう性質の疑問文であるかをそらんじてみて、同時に、その他の疑問文（一般疑問文・選択疑問文・特殊疑問文・付加疑問文）が想起できればよいし、さらには、「疑問文」という文の種類が、《意味・内容の表現形式に基づく分類》からすれば、「平叙文」・「命令文」・「祈願文」・「感嘆文」に並ぶものであること（☞3章「文の種類」参照）を思い出せれば理想的である。

　索引に掲げられたすべての項目について同様の確認作業をするのは、かなり時間がかかるし、根気もいる。しかし、索引を利用したこの学習方法

は、学習者が、再学習の充実度を自ら推し測る手段として非常に有効なので、文法項目の整理を一通り済ませた段階で、是非実行してもらいたい。

6　運用能力の養成方法

　さて、いよいよ運用能力を身につける段階である。「運用能力」とは、以上の基礎学習段階で習得した文法の知識を活用し、英語で思考や情報を発信する能力のことである。具体的には作文力と会話力を意味する。ここでは、これら2つの能力を養成するうえで最も効果的な方法を提案する。まずは、筆者の学習体験のひとコマを紹介させていただきたい。

　20年ほど前のことである。筆者は、大学入学を機に、NHKのラジオ英会話を聴き始めた。中学か高校の英語教師になることが中学生の頃からの夢であり、その第一歩としての英文学科入学を果たした直後だったので、英語に関することならば何にでも挑戦しようと意欲に満ち溢れていた。そして最初に取りかかったのが、このラジオ英会話であった。

　この取り組みは、開始後1年ほどで挫折したのだが、少なくともその1年間は、ラジオ英会話にどっぷりとつかっていたのを記憶している。放送は、毎回欠かさずテープに録音し、スキットを完璧に暗唱できるまで繰り返し何度も聴いた。当時は、「睡眠学習」なる学習法が雑誌に紹介され始めた頃であり、その名称の神秘的な響きに惹かれて、筆者も床に就くときは、必ずイヤホーンでその日の放送を聴いた。

　1年での挫折には、わけがあった。受験勉強の場合であれば、模擬試験の成績によって学習成果をある程度客観的に把握することができる。だが、ラジオ英会話の学習成果をどういう形で確認できるのか、当時の筆者には、この疑問に対する納得のいく解答が見いだせないまま、ラジオ英会話を途中で放棄してしまったのである。

わずか1年ではあれ、その間の努力が無駄ではなかったと気づき始めたのは、その後間もない頃である。英作文や英会話の授業の際に英語で自己表現を求められたとき、それまでに暗記した英文が大いに役立った。つまり、覚えている英文を土台にして単語やフレーズを入れ替えるだけで、完璧ではないにせよ、自分の伝えたい内容がそれなりに英語で表現できるのだということに気づいたのである。今考えれば、これは当たり前の理屈ではあるが、当時の筆者には大きな発見であったし、それに気づいて喜びすら感じた。

　20年前に暗記したスキットの内容は、今ではまったく思い出せない。しかしながら、個別のセンテンスであれば、現在でも鮮明に覚えているものがある。たとえば、

Did you find Tokyo different from what you'd expected?

「東京は、予想どおりでしたか」という趣旨のこの英文がその1つだが、当時は、この英文がとても粋な表現に思えて、何度も口ずさんだものである。"be different from ～" というイディオムの形でしか認識していなかった形容詞 "different" が、このように目的格補語（第5文型の目的語のあとに位置する補語）として用いられている点、"from" という前置詞の後ろに節が続いているという点、さらに、動詞 "find" と "expect" の意味上の時制のズレが、過去形と過去完了形で区別して表現されている点、これら3つのポイントが1つのセンテンスの中に見事に収められた素晴らしい英文に思えたのである。現在でも、単語や時制に工夫を凝らしてたびたび会話で用いる表現の1つである。

　少々長めの前置きになってしまったが、筆者が自らの学習体験の一部を紹介した意図が読者の皆さんにはもうおわかりいただけたのではないだろ

うか。英語の運用能力を習得するうえで最も効果的な方法は、英文を数多く暗記することだ、というのが筆者の主張である。学習上の具体的な目安については、以下に提案しているので、参考にしていただきたい。

(1) 教材

　まず、どのような英文を暗記すべきかという疑問が生じるであろう。覚えて無駄な英文はないのだが、学習である以上、計画的に進めやすい教材を選ぶべきである。その意味では、市販されている「基本文例集」の類が望ましい。カセットテープとセットになっているものがあれば、なおさら理想的である（高校時代に使った同種のテキストがまだ手元にあれば、それを活用すればよい）。また、新たな教材を抱え込むことに負担を感じるのであれば、次のような手もある。本章ですでに述べたとおり、学習者は、練習問題を数多く何度も繰り返し解くことによって、整理した文法項目の理解を深めなければならない。ならばいっそのこと、問題集の英文を暗記してしまえばよい。どちらを選ぶかは、学習者の自由である。

(2) 進め方

　暗記に「進め方」のアドヴァイスは不要なのかもしれないが、念のため、説明しておきたい。まず、覚えようとする英文の構文やイディオムや文法上の着眼点をしっかりと把握しておく。そのうえで、英文を見ながら音読を繰り返す。カセットテープが添付されている教材を使用する場合は、ネイティヴ・スピーカーのアクセントやリズムを真似てみる。次に、英文を10回程度ノートに書いてみる（暗記を助ける有効な方法だ）。音読と筆記によって英文のイメージをつかめた段階で、今度はテキストを見ずにそらんじてみる。文の途中でつっかえるようであれば、英文を見ながら、再度音読を繰り返す。スラスラとそらんじることができても、思わぬ勘違いが

あり得るので、覚えた英文をノートに書き出してみて、テキストの英文と対照してみる。さらに何度かそらんじてみて正確に言えるようであれば、暗記作業の第1ステップは終了である。

　次の第2ステップでは、暗記した英文を土台にしてパターン・プラクティスを行ってもらいたい。せっかく覚えた英文も、この第2ステップを消化しなければ、作文力や会話力の養成にはつながりにくいからである。具体例を示そう。たとえば、第1ステップで次の英文を暗記したとする。

　　There is no accounting for tastes.
　　「(人の) 好みを理屈で説明することはできない。」
　　→「たで食う虫も好き好き。」

英文のポイントは、"There is no ～ing"（「～できない」）という構文と、"account for ～"（「～を説明する」）というイディオムである。この英文を基にパターン・プラクティスを行う場合は、自分の語彙力の範囲内で表現できそうな「～できない」という状況を設定し、口頭、もしくは筆記で英作してみればよい。たとえば、

　　「ひとりでは生きられない（＝ひとりで生きることはできない）。」
　　 There is no living alone.

　　「その質問には答えられない（＝答えることができない)。」
　　 There is no answering the question.

　　「彼がいつ来るか、わからない
　　　（＝知ることはできない／告げることはできない)。」

There is no knowing (／telling) when he will come.
という具合にである。

(3) 注意事項
　以上の2つのステップを実行するにあたっては、次の2点に注意が必要である。
◎1日（1回）で覚える英文の数は、2センテンス程度にとどめておく。多すぎると消化不良を起こしかねないし、長続きしない。また、パターン・プラクティスの必要もあるので、1日に数多くこなすことは、そもそも無理である。暗記した英文の数よりも、パターン・プラクティスを通じて1つのセンテンスからいかに多くの英文を作ってみるか、が重要なのである。
◎1週間単位で、その週に暗記したすべての英文（10～15センテンス）を再度確認する。対訳（日本文）を読んで英文を再生できればよいし、できなければ、英文を確認し、覚え直すまでのことである。

7　語彙の増やし方

　学習者に「英語は難しい」と思わせてしまう要因の1つに、語彙力の問題があるのではないだろうか。単語や熟語の知識が乏しいせいで英文が訳せなかったり、英作文が完成しないといった不快な経験は、誰にでもあるはずだ。こんな経験を日常繰り返せば、英語が厭になるのも無理はない。
　では、そもそもどのくらいの語彙力があればよいのか。翻訳家や通訳などの特殊な職業を目指すのでない限り、英単語については、4000語程度（高校卒業程度）で十分である。それだけの単語力があれば、平易な英文は難なく読めるはずだし、英作文や英会話でも困ることはまずない。したが

って、読者の方々には、このレヴェルの単語力を目標にしてもらいたい。

　それでは、4000語に満たない単語力や熟語力を豊かにするための方法を2つ提案しよう。

　まず1つは、高校卒業レヴェル、すなわち大学受験レヴェルの単語や熟語を収録した単語集・熟語集を購入し、1語ずつ根気よく暗記するというオーソドックスな方法である。小学生のときの漢字練習と同様に、単語（や熟語）を声に出しながら（発音しながら）、ノートに何度も綴って、体──目・口・手──で覚えるのである（単語集の場合は、意味のみならず、発音記号やアクセントの位置も示してあるので便利である）。それぞれの単語（や熟語）に例文がついている場合が多いので、文章丸ごと覚えるのが理想である。

　ただし、学習効果の点では最も理想的なこの方法に難点がないわけではない。つまり、（前節で提案したように）基本文例集の英文を暗記する一方で、新たに単語集と熟語集を消化するのは、かなりの負担となるのではないだろうか。ともすれば、学習量に圧倒されて、再学習を放棄してしまいかねない。そこで、もう1つの方法を提案しておく。

　再三述べるように、学習者は、問題集を消化することによって文法事項の理解を深め、知識をより確実なものにしなければならないし、運用能力を高めるためには、基本文例集の英文を暗記しなければならないのだが、問題集や基本文例集に収められている英文には、必要以上に難解な単語や熟語は用いられてはいない。したがって、練習問題の英文や基本文例集の英文の中で、知らない単語や熟語に出くわしたときに、辞書で意味や発音を確認したうえで、その都度暗記していくという方法がある。前節の例文であれば、"account for～"というイディオムと"taste(s)"（好み・嗜好）という単語が確認できるわけである。この方法であれば、先ほど挙げたような学習上の負担は、かなり軽減できるし、再学習挫折の危険性もその分

だけ回避できるのではないだろうか。筆者としては、この方法を採用するのが賢明であると思う。

　最後に、「語彙」という点で、一言だけ付け加えておきたい。次章以下でも強調しているが、英単語の品詞のうちで最も重要な要素は動詞であり、名詞がそれに続く。動詞は文のパターン（文型）を決定する要素そのものであるし、名詞は主語・目的語・補語・修飾語として幅広く用いられる要素だからである。読者の方々には、この点を是非念頭に置いたうえで語彙の習得に臨んでいただきたい。すべての品詞の中で最も単語数の多い名詞はさておき、動詞については、意欲的に覚えていってもらいたいものである。

第 2 章

品詞の働きを理解する

「英語の品詞にはどのようなものがありますか？」教室でこう尋ねると、いくつか漏れはあるものの、大半の学生からは比較的まともな返答が返ってくる。ところが、「文の中での働きという点では、どのような品詞がありますか？」と尋ねると、ほとんどの学生がどう答えてよいのかわからずに黙り込んでしまう。こちらは、「8品詞」（eight parts of speech）を答えてほしいのだが、彼らの頭の中では、「8品詞」という認識が希薄であるらしい。そこで仕方なく「動詞・名詞・形容詞・副詞・代名詞・前置詞・接続詞・間投詞」と板書すると、「間投詞って何ですか？」とか「冠詞は品詞の1つではないのですか？」という反応が返ってくる。「間投詞とは、たとえば、これこれのもので、冠詞は名詞を修飾するわけだから、形容詞相当語句として捉えるし、助動詞は動詞に含めて考える」と説明すると、はじめて聞いた、という顔をしている。この様子だと、「限定（制限）用法の関係代名詞の節は形容詞節なので……」などと説明しても、はたして学生に通じているのか、はなはだ疑問である。

　英語力の基礎が英文法の知識であるとすれば、英文法の基礎は品詞の理解であると筆者は考えている。英語の学習は、通常であれば、文の構造を、まず「語・句・節」の構成単位や、「単文・複文・重文・混文」というヴァリエイションや、「5文型」の観点で捉えることから始まるのだが、たとえ

ば、次のような単純な英文を「文型」という観点から理解するためには、品詞の知識が前提となるのではないだろうか。

① He is at home.
② He is a teacher.
③ He is kind.

これほど平易な英文であれば、①が第1文型、②と③が第2文型であるということは、容易に見分けがつくと思う。しかし、何を基準にして文型をそう判断したのか、自問してほしい。ほとんどの読者は、「文意」を判断の基準にしたのではないだろうか。

① 「彼は家にいる。」
② 「彼は教師だ。」
③ 「彼は親切だ。」

①の述語動詞は、「いる、ある」という意味の完全自動詞で、②と③の述語動詞は、「〜は……だ」という意味の不完全自動詞である。完全自動詞は第1文型を、不完全自動詞は第2文型を形成する。よって、①が第1文型、②、③が第2文型である。

　読者の皆さんは、このように文意を手掛かりに文型を判断したのではないだろうか。もちろん、この考え方に誤りはないし、第1文型の動詞の名称（完全自動詞）と第2文型のそれ（不完全自動詞）を覚えていたとすれば、その点は感心である。しかしながら、①〜③の英文の主語と述語動詞が共通であるにもかかわらず、①のbe動詞が完全自動詞で、②、③のbe動詞が不完全自動詞であると判断できるのは、be動詞に続く語句が重要な

手掛かりになっているという点にお気づきであろうか。

　①の英文中の"at"は、ご存じのとおり、「前置詞」である。前置詞については、あとで再度取り上げるが、ある単語が前置詞であるという場合、その名称からして、その前置詞たる単語の後ろには何かがなければならない。後ろに何かがなければ、「前」に「置」かれる単語（「詞」）、すなわち、「前置詞」とは言えないからだ。したがって、前置詞と後ろの「何か」は、切り離せない関係にあるということになるのだが、その「何か」が、主として名詞相当語句であることは、経験上、知っているはずである。"*after school*"（「放課後」）、"*in the morning*"（「午前」）、"walk *to school*"（「徒歩通学をする」）など、ほぼすべての前置詞が名詞相当語句と結びついている。

　前置詞のこうした性質によって、①の文中の"at"と"home"は、切り離すことのできない「句」を形成している（ちなみに、前置詞のこの性質をしっかりと認識していれば、"go home"と"at home"という場合の"home"の品詞がそれぞれ異なっているという点も、敏感に見抜けるはずである）。では、"at home"という句は、文中でどういう働きをしているのか。もちろん、それは、直前のbe動詞を修飾している。動詞を修飾するのは、副詞の働きである。したがって、"at home"は副詞句なのだが、副詞相当語・句・節は、文型を決定する際の主要素ではなく、単に修飾語句とみなされるので ── この段階ではじめて文型の知識が問われる ── 、①の英文は、

　　　He　　　is　　　　at　home.
　　　主語　　述語動詞　　副詞句（修飾語句）

という第1文型である。このように考えるべきであろう。

　これに対して、②と③の英文の場合は、be動詞のあとの要素が①の場合とは異なり、副詞ではない。②は名詞で、③は叙述用法の形容詞であり、

それぞれbe動詞の補語となっている。要するに、名詞と叙述用法の形容詞は補語になり得るという知識があってこそ、②、③ともに第2文型であると判断できるわけである。

①〜③のような平易な英文であればいざ知らず、もっと複雑な英文の場合には、以上のように、副詞・前置詞・名詞・形容詞などの品詞の働きを熟知していなければ、たちうちできない。少々長い前置きになってしまったが、品詞の理解が、英文法を習得するうえでの大前提であることを、多少なりとも納得できたであろうか。以下、「8品詞」のポイントを掲げておくので、再学習の参考にしていただきたい。

1 動　詞

　文型がなぜ5通り（5文型）であるのか、その理由を知らない学生が驚くほど多い。文型が5通りあるのは、動詞の種類が5通りあることに対応しているのだという認識がまったく欠如しているのである。

　動詞は文型を決定する要素なので、「8品詞」の中で最も重要な品詞だと言える。したがって、動詞の働きは、文型との関連で捉えなければならない。まずは、以下の動詞の名称を再度暗記してほしい。一度は覚えた経験があるはずだ。

◇　完全自動詞　　（第1文型を形成）
◇　不完全自動詞　（第2文型を形成）
◇　完全他動詞　　（第3文型を形成）
◇　授与動詞　　　（第4文型を形成）
◇　不完全他動詞　（第5文型を形成）

ただし、名称の丸暗記では無意味なので、次の点を理解したうえでそれぞれの名称を覚えるとよい。

(1) 自動詞／他動詞とは何か

　自動詞・他動詞は、「目的語」(名詞相当語句) の要、不要と関係がある。目的語を伴わなくても、それ自体、「自ら」動詞としての機能を果たすことのできる動詞が「自動詞」である。一方、「他」の要素、すなわち、「目的語」がなければ動詞としての機能を果たすことのできない動詞が「他動詞」である。次の例文から明らかなとおり、1つの動詞が自動詞でも他動詞でもあるといったケースも珍しくはないが、目的語は名詞相当語句なので、動詞のあとに名詞相当語句が続いていなければ、その動詞を自動詞とみなせばよい (ただし、動詞のあとに名詞相当語句が続いているからといって、その動詞が他動詞であるとは限らない。☞「完全動詞／不完全動詞とは何か」の項目を参照のこと)。

　　He **runs** fast.
　「彼は速く走る／彼は走るのが速い。」(完全自動詞→第1文型)

　　He **runs** a **store**.
　　　　　　　名詞
　「彼はストアーを経営している。」(完全他動詞→第3文型)

　また、自動詞か他動詞かの判断は、疑問形にして返答可能か否かを目安にすればよい。返答可能であれば、自動詞である。

（例）　"die"「死ぬ」
　　　　　→「彼は死にますか？」
　　　　　→ Yes ／ No で返答可能
　　　　　→自動詞

　　　　　"eat"「食べる」
　　　　　→「あなたは食べますか？」
　　　　　→「何を」という要素（目的語）が欠落しているため返答不可能
　　　　　→他動詞

　　　　　"meet"「会う」
　　　　　→「あなたは会いますか？」
　　　　　→「誰に」という要素（目的語）が欠落しているために返答不可能
　　　　　→他動詞

(2) 授与動詞とは何か

　他動詞の中でも、間接目的語（「〜に」）・直接目的語（「〜を」）という2つの目的語を必要とする一連の他動詞がある。これに相当する他動詞は、それほど多くはなく、一般の完全他動詞と区別して「授与動詞」と呼ばれ、第4文型を形成する。ある動詞が完全他動詞か授与動詞かを判断する場合は、先ほどと同様に、疑問形にすればよい。目的語を1つ補って文意が成り立てば完全他動詞、目的語を2つ補ってやらないと文意が成立しない場合は授与動詞である。

　　（例）　"kill"「殺す」
　　　　　→「あなたは（彼を）殺しましたか？」

→Yes／Noで返答可能
　　→完全他動詞

"give"「与える」
　　→「あなたは（それを）与えましたか？」
　　→「誰に」の要素（間接目的語）の欠落により返答不可能
　　→授与動詞

　参考のために、代表的な授与動詞の例を挙げておこう。どの単語も〈誰かに〉〈何かを〉《提供する》意味であることがわかると思う。だから、「授与」（≒提供）動詞と呼ばれるのである。なお、以下の動詞は、表す意味によっては、完全他動詞の場合もあるので注意が必要である。

　　　　"ask"　　　「〈～に〉〈～を〉尋ねる」
　　　　"bring"　　「〈～に〉〈～を〉持ってくる／もたらす」
　　　　"buy"　　　「〈～に〉〈～を〉買ってやる」
　　　　"lend"　　 「〈～に〉〈～を〉貸す」
　　　　"offer"　　「〈～に〉〈～を〉提供する」
　　　　"show"　　 「〈～に〉〈～を〉教える／示す」
　　　　"teach"　　「〈～に〉〈～を〉教える」
　　　　"tell"　　 「〈～に〉〈～を〉告げる」

(3) 完全動詞／不完全動詞とは何か
　次章の中の「文型」の項目でも触れるが、文を構成する主要素は、主語・述語動詞・目的語・補語の4要素である。自動詞と他動詞が、目的語の要・不要と関係があるように、完全動詞と不完全動詞は、補語との関係

で考えなければならない。補語、すなわち、「補う語」によって何らかの要素が補われなければ、それ自体、不完全であるような動詞が不完全動詞である。一方、補語が不要である動詞は、完全動詞である。

　補語それ自体の説明となると少々厄介だが、本章のはじめに述べたように、補語となり得る単語の品詞が、名詞相当語句および叙述用法の形容詞であることを、ここではとりあえず覚えておいてほしい（鋭い読者であれば、述語動詞のあとの品詞が名詞相当語句である場合、その名詞が、補語である可能性と目的語である可能性が、つまり、文が、第2文型である可能性と第3文型である可能性があることにお気づきだろう。この点については、「文型」の項目で取り上げる）。

　以上が、動詞の名称についての説明である。整理すると次のとおりである。

　　　完全自動詞＝完全・自動詞＝補語も目的語も不要＝$S+V$〜.
　　　⇒第1文型

　　　不完全自動詞＝不完全・自動詞＝補語のみ必要＝$S+V+C$〜.
　　　⇒第2文型

　　　完全他動詞＝完全・他動詞＝目的語のみ必要＝$S+V+O$〜.
　　　⇒第3文型

　　　授与動詞＝間接目的語と直接目的語が必要＝$S+V+IO+DO$〜.
　　　⇒第4文

　　　不完全他動詞＝不完全・他動詞＝補語、目的語ともに必要

　　　　＝ S ＋ V ＋ O ＋ C ～．
　　　⇒第5文型

2　名　詞

　8品詞の中で、動詞の次に重要な品詞は、名詞なのではなかろうか。名詞および名詞相当語句は、文を構成する主要素（主語・述語動詞・目的語・補語）のうち、主語にも目的語にも補語にもなれば、前置詞の目的語として ── 場合によっては前置詞を冠することなく ── 文を構成する従要素たる副詞（＝修飾語）の働きもする「守備範囲」の広い品詞だからである。名詞の働きについては、以下の例文をもって確認してほしい。

(1) 名詞相当語（＝名詞）を含む文
　　Tom is a **teacher**.　He teaches **English**.
　　主語（語）　　補語（語）　　　　　　　目的語（語）
　　「トムは教師だ。」　　「彼は、英語を教えている。」

(2) 名詞相当句（＝名詞句）を含む文
　　To see is **to believe**.
　　主語（句）　　補語（句）
　　「百聞は一見にしかず。」

　　I want **to see Tom**.
　　　　　　目的語（句）
　　「私は、トムに会いたい。」

<u>**The other day**</u> I met **Tom** on the train.
　　修飾語（句）　　　　　目的語（語）
「先日、私は電車の中でトムに会った。」

(3) 名詞相当節（名詞節）を含む文

<u>**What he explained to us**</u> was so difficult to understand.
　　　　主語相当節
「彼が私たちに説明したことは、理解するのが難しかった。」

This is **what he explained to us**.
　　　　　　補語相当節
「これは、彼が私たちに説明してくれたことだ。」

I couldn't understand **what he explained to us**.
　　　　　　　　　　　　目的語相当節
「私は、彼が私たちに説明してくれたことが理解できなかった。」

3　形容詞

　次の例文を確認するまでもなく、形容詞に2通りの働きがある点は、これまでの学習経験からおわかりのはずである。

　　He is an **old** man.　　He is **old**.
　　「彼は、老人だ。」　　　「彼は、年をとっている。」

名詞を修飾する「限定用法」と、不完全自動詞・不完全他動詞の補語とな

る「叙述用法」である。いずれも単純明解な働きなので、名称ともども絶対に忘れないこと。なお、本章のはじめで触れたように、限定（制限）用法の関係代名詞の節は、先行する節の中の名詞（先行詞）を修飾するわけだから、形容詞節だと考えればよい。

4　副　詞

副詞（相当語・句・節）は、動詞・形容詞・他の副詞、以上3つの品詞を修飾する働きを持つということを、たとえば以下のような単純な英文とセットで覚えておくこと。

　　　He runs **fast**.　→　fastは、動詞runsを修飾する副詞
　　　「彼は、速く走る／走るのが速い。」

　　　He runs **very** fast.　→　veryは、副詞fastを修飾する副詞
　　　「彼は、とても速く走る／走るのがとても速い。」

　　　He is **very** old.　→　veryは、形容詞oldを修飾する副詞
　　　「彼は、とても年をとっている。」

5　前置詞

すでに述べたとおり、前置詞は、あとに単語を伴うがために「前」に「置」かれる単語（「詞」）たり得るのである。したがって、後続の単語 —— その単語の品詞が名詞相当語句であることはすでに触れたが、"in short"（「要するに」）や "by now"（「今頃までには」）など一部の慣用表現については、必ずしもこの限りではない —— と切り離すことはできない。つまり、前置詞と名詞相当語句とで「句」を形成し、形容詞句もしくは副詞句としての機能を果たす。ちなみに、後続の名詞の格は、目的格であることに注意する。

（例）　Look at the picture **on the wall**.
「壁に掛かっている絵を見てごらん。」
　　※　下線部は、名詞 picture を修飾する形容詞句

A picture hung **on the wall**.
「壁に絵が掛かっていた。」
　　※　下線部は、動詞 hung を修飾する副詞句

ただし、"listen to ～" や "look after" などのように、自動詞と前置詞との組み合わせによって、固有の意味を持つ他動詞が形成される場合には注意が必要である。このような場合でも、前置詞のあとに目的格の名詞相当語句を伴うことに変わりはないのだが、その前置詞は、直前の自動詞の意味を限定し、かつそれ自体、他動詞の一部に組み込まれているために、後続の名詞相当語句との関係よりも、直前の自動詞との関係の方がより密接である。したがって、文型との関係で言えば、たとえば、

He looked after his sick mother.
「彼は、病気の母の世話をした。」

という英文は、明らかに第3文型なのであって、前置詞＋名詞相当語句

("after his sick mother") が動詞 looked を修飾する副詞句、すなわち、第1文型であるとみなすのは誤りである。

6　接続詞

接続詞には、等位接続詞と従位接続詞の2種類がある。文法的・意味的に重要度に差がない対等な —— 位の等しい／等位の —— 語と語、句と句、節と節を結びつける役割を果たすのが等位接続詞である。

(例)　**He and she** are from the same village.
　　　「彼と彼女は、同じ村の出身だ。」(語と語)

　　　He takes a bath **not only** in the evening **but also** in the morning.
　　　「彼は、夕方だけではなく朝も風呂にはいる。」(句と句)

　　　He is an American, **but** his wife is a Japanese.
　　　「彼はアメリカ人だが、彼の妻は日本人だ。」(節と節)

一方、語と語や、句と句を結びつけるのではなく、節と節を結びつけ、しかも、その節同士が、意味的・文法的に主従の関係を形成するような、いわゆる「複文」に用いられる接続詞を従位接続詞という。この種の接続詞は、必ず従(属)節の頭に位置するので、「従位」接続詞と呼ばれると覚えておくとよい。

（例） **When** I visited his office, he was talking on the phone.
「彼のオフィスを訪ねた<u>とき</u>、彼は電話で話をしていた。」

I love him **because** he is sincere.
「彼は誠実<u>だから</u>、私は彼が大好きだ。」

If you see him, please tell him to call me.
「彼に会っ<u>たら</u>、私に電話をかけるよう、告げてください。」

Though he betrayed me, I still love him.
「彼は私を裏切った<u>けれども</u>、私は今も彼を愛している。」

7 代名詞

　文字通り、名詞の代用となる品詞が代名詞である。名詞が文の主語・目的語・補語としての働きを果たすように、代名詞も同様の構成要素としての機能を果たす。ただし、以下に掲げた代名詞のヴァリエイションの中の「人称代名詞」の所有格（"my", "your" など）および「疑問代名詞」・「関係代名詞」の所有格（"whose"）は、常に名詞を修飾するので形容詞相当語句（＝修飾語：M）とみなすべきだし、「指示代名詞」と「不定代名詞」の具体例として挙げた単語は、「指示形容詞」・「不定形容詞」としても用いられることに注意すること。なお、これらを一括して「代名形容詞」と呼ぶ場合もある。

This is **my** dictionary.
主語　　修飾語
「これは、私の辞書です。」

Whose dictionary is **that**?
修飾語　　　　　　　主語
「あれは、誰の辞書ですか。」

This dictionary is **mine**.
指示形容詞（→修飾語）　　補語
「この辞書は、私のものです。」

◆ 代名詞
├─ ◇ 人称代名詞 ┬─ : I, my, me など各人称の主格・所有格・目的格
│　　　　　　　├─ 所有代名詞: mine, yours, his, hers, ours, theirs
│　　　　　　　└─ 再帰代名詞: myself, yourself, himself, herself, ourselves, themselves
├─ ◇ 指示代名詞: this (these), that (those), same など
├─ ◇ 不定代名詞: one, none, some, any, each, other, another, both, either など
└─ ◇ 疑問代名詞: who, whose, whom, what, which など

※　図中の「再帰代名詞」は、「複合人称代名詞」とも呼ばれる。

（例文）
　　Tom is kind.　→　**He** is kind.　（主語として）

「トムは、親切だ。」→「彼は親切だ。」

Both of them are students. （主語として）
「彼らは、2人とも学生です。」

I enjoyed **myself** at the party. （主語・目的語として）
「私は、パーティで楽しみました。」

Do **you** have a knife? Yes, I have **one**. （主語・目的語として）
「あなたは、ナイフを持っていますか。」

The pen is **mine**. （補語として）
「このペンは、私のものです。」

Who is the man? （補語として）
「あの男の人は、誰ですか。」

What is on the table? （主語として）
「テーブルの上には何がありますか。」

What is this? （補語として）
「これは、何ですか。」

What do you like best of all? （目的語として）
「すべてのうちで、あなたは、どれが一番好きですか。」

What color do you like best?　（修飾語として）
「あなたは、何色が一番好きですか。」

8　間投詞

　種々の感情を表し、文と文との「間」に「投」げ出されるように発せられる語。文の構成上、他の要素から独立している。（感情を表す語であるために、訳語を充てるとかえって不自然になってしまうきらいがあるが、）一般的な間投詞の例を挙げると、以下のとおりである。

　　Oh !　「おや、まあ、……」
　　　　　　～驚き・苦痛・失望・喜びなど。
　　Ah !　「ああ、そうそう、……」
　　　　　　～喜怒哀楽・共感・納得など。
　　My [God, Oh] God!　「ああ、おお、……」
　　　　　　～感嘆・驚き・絶望など。
　　Well　「えっと、さてと、そうそう、……」
　　　　　　～会話の継続・言葉の切り出しなど。
　　Why　「おや、まあ、あら、……」
　　　　　　～意外・驚きなど。
　　Oh boy !　「おやまあ、やれやれ、……」
　　　　　　～驚き・失望・困惑・感嘆など。

第 3 章

文の種類
(英文の 3 つの相)

「再学習の方法」のところでも述べたが、今から自分が取り組もうとする課題の全体像をあらかじめ把握しておくことは、極めて重要な予備作業である。「備えあれば憂いなし」とまではいかずとも、この作業をやっているか否かで、学習意欲・学習効率・学習効果に大きな差が生じる。同様に、英文には、そもそもどのようなヴァリエイションがあるのかという点を、個別の文法項目の整理作業に先立って認識しているのと否とでは、随分と異なる。

　個別の文法事項は、料理で言えば、調味料である。不適切な調味料であれば ── 文法事項の理解が不適切であれば ── 、でき上がった料理（英文）は、まずい。だから、料理には、その料理に適した調味料が欠かせない。しかし、私たちは、調味料自体を味わうわけではないし、たとえ適切な調味料を用意したとしても、できた料理それ自体を味わわなければ、料理をする意味はない。このように、ある文法項目についての理解が深まったとしても、その項目によって英文全体がどのような性格を与えられたのかという点も併せて理解しないと、学習は不完全であると言わざるを得ない。

　また、こうも言えよう。スーパーで手当たり次第に調味料を買い揃えたところで、何の料理を作るのかが前もってわかっていなければ、まったく

ナンセンスである。食べたい料理を決めたあとで、その料理に必要な食材や調味料を買いに行くのが一般的な順序である。英文の場合も事情は同じである。英文にはどのようなヴァリエイションがあるのかという点をあらかじめ頭の中に入れておいてこそ、個別の文法事項を学習する意味があり、学習効果も期待できるのである。

例を示そう。次の英文 (**a**) に注目してほしい。

a. If you do not study hard, you will fail in the examination.
「一生懸命勉強しなければ、試験に失敗しますよ。」

特に難しいところは見当たらないごく一般的な英文である。この単純な英文から気づく限りのことを指摘してほしい。

ほとんどの読者は、まず、この英文が条件文、仮定法の文だと指摘するのではないだろうか。比較的熱心に学校文法を学習してきた読者であれば、さらに、「後半のいわゆる主節には、未来時制の助動詞 "will" が用いられているが、前半の従（属）節が条件節であるために、従（属）節には "will" は不要である」と指摘するであろう。また、なかには、"fail in" が慣用句である、と考えた人もいるかもしれない。先を読み進む前に、もう少し知恵を絞って考えてほしい。

では次に、あなたが「準動詞」という文法項目を整理するとしよう。準動詞の1つである「分詞」という項目を調べるなかで、あなたは、この項目の特別事項として「分詞構文」に出合うはずである。分詞構文について一通りの内容が頭にはいれば、上記の英文を次のように (**b**) 書き換えることができることがわかるであろう。

b. Not studying hard, you will fail in the examination.

または、あなたが、仮定法についてのポイントを整理し終えたとする。あるいは、文法項目というわけではないが、個別の前置詞について用法を整理し終えたとする。すると、**a**の英文を、さらに、次のように (**c**) 書き換えることができるということに気がつくはずである。

c. Without hard study, you will fail in the examination.

またさらに、あなたが、接続詞あるいは命令文についての知識を整理したとしよう。すると、**a**の英文が、今度は、

d. Study hard, or you will fail in the examination.

と書き換えられることに気づくはずである。ここで**a**～**d**の英文を並べてみるとこうである。

a. If you do not study hard, you will fail in the examination.
b. Not studying hard, you will fail in the examination.
c. Without hard study, you will fail in the examination.
d. Study hard, or you will fail in the examination.

さて、再度、考えてみてほしい。**a**の英文を**b**～**d**の英文と照らし合わせつつ、**a**について気づく限りのことを指摘してもらいたい。どうであろうか。先ほどは気がつかなかった点が、おそらく1つか2つぐらいは見えてきたのではないだろうか。

aが、従節と主節からなる「複文」であるのに対して、**b, c**は、**a**の従節

が句の形に姿を変えてしまったために、「単文」になっており、**d**は、「等位接続詞」"or" を用いた関係によって「重文」となっている。

　また、もともと「複文」であった**a**が、「単文」や「重文」に書き換えられたわけだから、それに伴って、「文型」にも影響が及んでいる。**a**の従節は副詞節だが、副詞相当語（句・節）は、文の修飾語（句・節）であるわけだから、この副詞節は、文型を決定する主要素とはみなされず、したがって、**a**の英文は「第1文型」だと考えるべきであろう。**b**の "Not studying hard" と、**c**の "Without hard study" もともに副詞句なので、**b, c**いずれの英文も、同じく「第1文型」である。ところが**d**の英文は、「重文」であるために、接続詞 "or" の前後の節がともに「等位節」になっている。したがって、両方の節がそれぞれ文型を持っている —— ともに「第1文型」—— と考えねばならないであろう。さらには、**a, b, c**の条件文と**d**の命令文では、意味の分類で言えば、文の種類も異なる。（※ 例文中の "fail" と "in" を、他動詞を形成する動詞句であるとみなせば、"fail in" を含む節は、「第3文型」と考えることができる。）

　もう1つだけ単純な例を挙げておく。次の**e, f, g**の英文は、意味のうえでのニュアンスに違いこそあれ、伝える趣旨（兄が私に古いラケットをくれた）は同一である。

e. My elder brother gave me an old racket.
f. My elder brother gave an old racket <u>to me</u>.
g. An old racket was given <u>to me by my elder brother</u>.
　（※ **g**の文中の "to" は、省いても構わない。）

　「文型」の伝統的な考え方に従えば、前置詞と後続の名詞相当語句とによって構成される句が、副詞の働きをする場合、その副詞句は単に修飾語句とみなされるために、次に示すとおり、**f**は、「第4文型」の英文**e**の間接

目的語と直接目的語の位置を入れ替えた結果、構造上、「第3文型」になっており、**g**は、**f**を受動態に書き換えた結果、「第1文型」になっている。

e. My elder **brother gave me** an old **racket**.
   S   V IO   DO

f. My elder **brother gave** an old **racket to me**.
   S   V   O M（修飾語句／副詞句）

g. An old **racket was given to me** by my elder **brother**.
    S   V   M   M

要するに、「第4文型」を形成する「授与動詞」（"give"）を用いながらも、2つの目的語の位置を入れ替えたり、態を転換することによって、「文型」に変化が生じているのである。

 文のヴァリエイションについての知識は、個別の文法事項を整理学習する際に必須であること、また、英文には3つの相があるということが、以上の例からおわかりいただけたと思う。そうであるならば、英文の3つの相についてあらかじめ理解を深めておくことが肝要となるであろう。

 まずは、文のヴァリエイションを、次のページの図で確認しておいてほしい。

―― 文のヴァリエイション ――

```
                        ┌ 第1文型
                        │ 第2文型
        ┌ 1「文型」という観点 ─┤ 第3文型
        │               │ 第4文型
        │               └ 第5文型
        │                           ┌ 一般疑問文
        │               ┌ 平叙文 ┐    │ 選択疑問文
文 ─────┤ 2 意味(内容)の表現 ┤ 疑問文 ├──┤ 特殊疑問文
        │   形式に基づく観点  │ 感嘆文 │    │ 付加疑問文
        │               │ 命令文 │    └ 修辞疑問文
        │               └ 祈願文 ┘
        │                          
        │               ┌ 単 文
        └ 3 節の数と節同士の ┤ 複 文
            関係という観点   │ 重 文
                        └ 混(合)文
```

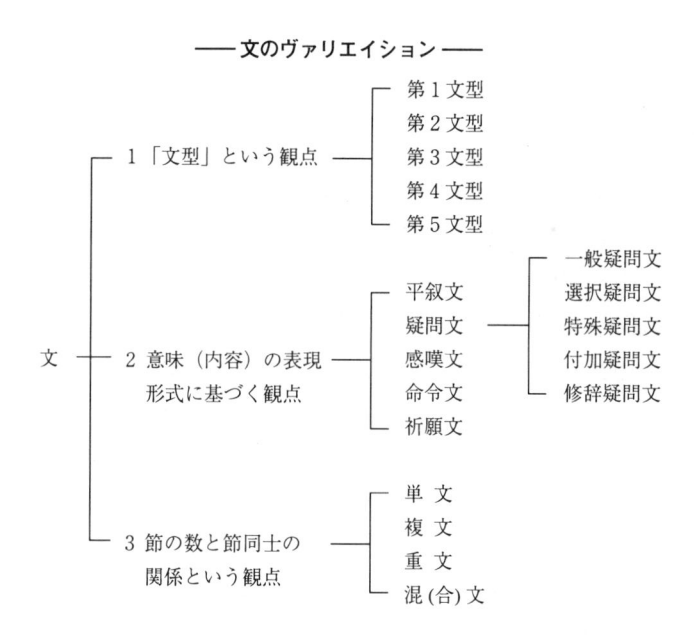

1 「文型」という観点

　文を大きく2つに分かつとすれば、「主部」と「述部」に分けることができる。主部の中心をなす語（＝名詞相当語句）が「主語」であり、述部の中心をなす語が「述語動詞」―― あるいは単に「動詞」―― である。

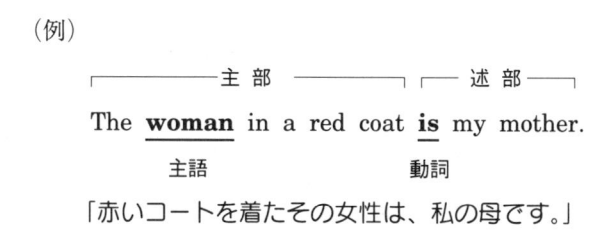

　（例）

```
   ┌──── 主 部 ────┐ ┌─ 述 部 ─┐
   The woman in a red coat is my mother.
       主語              動詞
```
「赤いコートを着たその女性は、私の母です。」

つまり、どのような英文であっても、それが文である限り、基本的には主語と述語動詞を備えていなければならない。しかし、前章の「動詞」の項目でも説明したとおり、動詞自体に5つのヴァリエイションがあるわけだから、「述部」の形態には、自ずと5通りのヴァリエイションが生じる。すなわち、文中の動詞が、〈自動詞か他動詞か〉、〈授与動詞か否か〉、〈完全動詞か不完全動詞か〉によって、目的語や補語が必要であったり不要であったりするのである。

このように、述語動詞の性質によって自然発生する5通りの文のパターンが「5文型」であり、目的語・補語、および、文の必須要素である主語と述語動詞、以上の4要素は「主要素」と呼ばれ、これらの主要素を修飾する一切の要素は「従要素」(修飾語：M)とみなされる。上記の例文では、主語"woman"を修飾する"The"と"in a red coat"、補語"mother"を修飾する"my"が「従要素」(M)である。

なお、「文型」に関する理解をより徹底させるためには、これら5つの構成要素(主語・動詞・目的語・補語・修飾語)のうち、動詞を除く4つの要素を、それぞれ品詞その他と対応させて覚えておくとよい。図で示せば、次のとおりである。

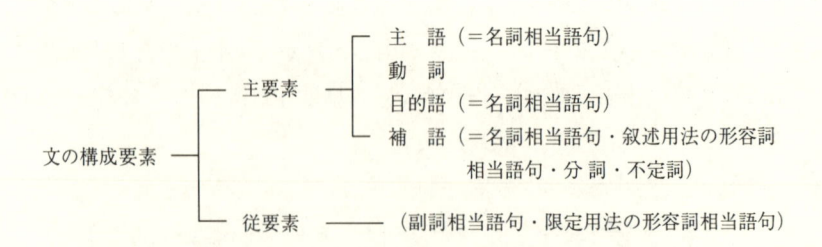

```
                        ┌─ 主　語 (＝名詞相当語句)
                        │  動　詞
           ┌─ 主要素 ───┤  目的語 (＝名詞相当語句)
           │            │  補　語 (＝名詞相当語句・叙述用法の形容詞
文の構成要素 ─┤            └         相当語句・分詞・不定詞)
           │
           └─ 従要素 ─────── (副詞相当語句・限定用法の形容詞相当語句)
```

※　単なる丸暗記ではなく、(　)内の品詞その他を実際に要素とする英文がイメージできなければならない。

次に、例文を通して各文型を整理しておこう。

(1) 第1文型：主語＋動詞〈完全自動詞〉(＋修飾語) ＝ S＋V (＋M)

Spring has come.
　　 S　　　V
「春がきた。」

The woman smiled to see her sleeping baby.
　 M　　　 S　　　V　　　　　　M（副詞的用法の不定詞）
「その女性は、眠っている自分の赤ん坊を見て微笑んだ。」

(2) 第2文型：主語＋動詞〈不完全自動詞〉(＋修飾語) ＝ S＋V＋C (＋M)

I am a teacher.
S　V　M　　C（名詞）
「私は教師だ。」

She is kind.
　S　　V　　C（形容詞）
「彼女は親切だ。」

The flower smells sweet.
　　M　　　　S　　　V　　　　C（形容詞）
「その花は、甘い香りがする。」

I kept running to the school.
S　V　　C（現在分詞）　　M

「私は、学校まで走り続けた。」

My son became a great musician.
M　S　　V　　M　　M　　C（名詞）

「息子は偉大な音楽家になった。」

(3) 第３文型：主語＋動詞〈完全他動詞〉（＋修飾語）＝Ｓ＋Ｖ＋Ｏ（＋Ｍ）

I saw the famous musician at the airport.
S　V　M　　M　　　　O　　　　　M

「私は、空港で有名な音楽家に会った。」

We enjoyed playing tennis.
S　　V　　　　O

「私たちはテニスを楽しんだ。」

※ "playing" は動名詞だが、この文では原形の "play" が他動詞であるために、"playing" と "tennis" を切り離して考えるべきではない。

(4) 第4文型：主語＋動詞〈授与動詞〉＋間接目的語＋直接目的語（＋修飾語）
＝S＋V＋IO＋DO（＋M）

Father bought me a new car.
　　S　　V　　IO　M　M　　DO
「父が私に新車を買ってくれた。」

※ "Father bought a new car." は、第3文型。動詞のあとの目的語（名詞相当語句）の数によって "buy" が完全他動詞であったり、授与動詞であったりする点に注意。

Father showed me how to drive a car.
　　S　　V　　IO　　　　DO（名詞句）
「父が車の運転の仕方を教えてくれた。」

Our teacher taught us that the earth moves around the sun.
　M　　S　　V　IO　　　　DO（名詞節）
「地球は太陽のまわりを回っていると先生は私たちに教えてくれた。」

(5) 第5文型：主語＋動詞〈不完全他動詞〉＋目的語＋補語（＋修飾語）
＝S＋V＋O＋C（＋M）

His speech made him a hero.
　M　　S　　V　　O　M　C（名詞）
「その演説で彼は英雄になった。」

This machine keeps the air clean.
　M　　S　　　V　　M　O　　C（形容詞）

「この機械は空気を清浄に保つ。」

I heard someone knock the door.
S　V　　　O　　　　C（原形不定詞）

「誰かがドアをノックするのが聞こえた。」

※ "knock" 自体が他動詞なので、後続の "the door"（目的語）と切り離すべきではない。

I believe him (to be) innocent.
S　V　　　O　　　　　C

「私は彼が潔白だと信じている。」

※ （　）内の "to be" を省略しなければ、C＝不定詞。省略すれば、C＝叙述用法の形容詞。

　以上が、「文型」の概略だが、次の点は十分に留意してほしい。
　名詞相当語句（名詞・代名詞・動名詞・名詞的用法の不定詞など）は、文を構成する主要素のうち、主語と目的語と補語を形成する。したがって、次のようなケース（①、②）では、第2文型か第3文型か、また、第4文型か第5文型か、の判断を誤りがちとなる。

　ケース①：
　　主語＋（be 動詞以外の）動詞＋名詞（←目的語？　補語？）
　ケース②：
　　主語＋（be 動詞以外の）動詞＋名詞（目的語）＋名詞（←直接目的語？
　　　　　　　　　　　　　　　　　　　　　　　　　　　補語？）

ケース①においては、主語とその名詞を「be動詞」で結びつけた場合、もともとの文の意味との関係で矛盾を引き起こすことがなければ、その名詞を補語とみなすことができる。この場合の補語を「**主格補語**」という。一方、文意に矛盾が生じれば、その名詞は目的語である。同様に、ケース②においては、動詞の直後の名詞（目的語）と後続の名詞とが、もともとの文の意味からして、主語と述部の関係を形成する場合は、2つめの名詞を補語とみなしてよい。この場合の補語を「**目的格補語**」という。

（例）

⎡ My son became a great **musician**.（下線部は、名詞）
｜ 「息子は、偉大な音楽家になった。」
｜   ↓
⎣ My son **was** a great musician.（S＝名詞：文意成立＝補語）
　 「息子は、偉大な音楽家だった。」　《主格補語》

⎡ I saw the famous **musician** at the airport.（下線部は、名詞）
｜ 「空港で有名な音楽家に会った。」
｜   ↓
⎣ I **was** the famous musician at the airport.
　 「私は（空港で）有名な音楽家だった。」
　（S≠名詞：「私」が音楽家になってしまい、文意不成立＝目的語）

┌─ His speech made him a **hero**.（下線部は、名詞）
　　│　　　　　　↓　　　　「その演説で彼は英雄になった。」
　　│
　　└──── He **was** a hero.（O＝名詞：文意成立＝補語）
　　　　　「彼は、英雄だった。」　《目的格補語》

　　┌─ Father bought me a new **car**.（下線部は、名詞）
　　│　　　　　　↓　　　　「父が私に新車を買ってくれた。」
　　│
　　└──── I **was** a new car.
　　　　　「私は、新車だった。」
　　　　　（O≠名詞：文意不成立＝目的語）

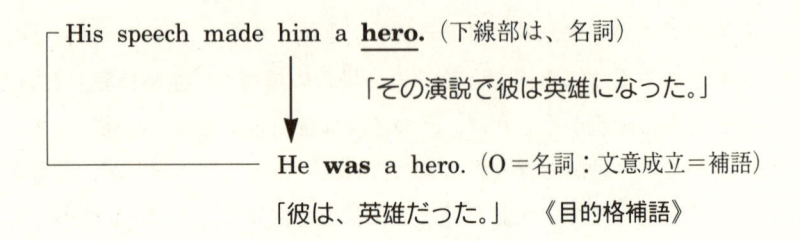

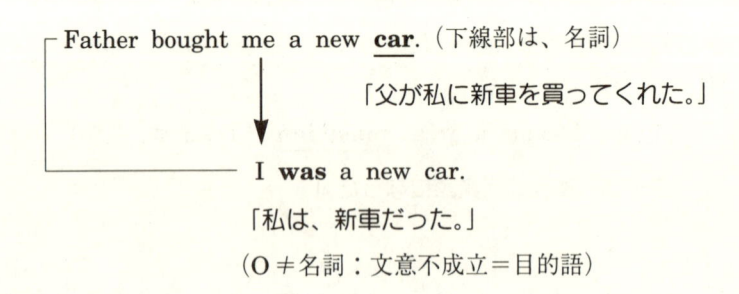

【注意】
　最近では、「5文型」の不十分さを指摘する参考書や文法書が目立つようになった。従来の「文型」認識で従要素とみなされる修飾語（M）を、状況に応じて、主要素に準じる構成要素に「格上げ」すべきであるという考え方がそれである。たとえば、次の英文（第1文型）の修飾語（M）を無視すると文意が不完全となる。

　　　<u>He</u> <u>is</u> <u>at home</u>.　「彼は、在宅している。」
　　　 S　 V 　　M

このような場合の修飾語を、単なる付属語としての修飾語（M）と区別し、「付加語」（A：adjunct）とみなすという考え方がその一例である。したが

って、文型の数は、その分だけ膨れ上がり、なかには、文型を何十にも分類する文法学者もいるほどだ。

こうした新たな文型論には確かに説得力があるし、英語力を一層充実させようと思うなら、この新しい文型論をけっして無視することはできない。だが、英語学習の途上者の場合は、動詞の性質に基づいた従来の「5文型」を習得することからまず始めるべきであろう。「5文型」の理解がある程度深まってくれば、「5文型」の限界が自ずとみえてくる。そのときはじめて、こうした新たな文型論に目を向ければよい。

2 意味（内容）の表現形式に基づく観点

この項目に該当する文が、具体的にどのような表現のものであるかという点は、それぞれの文の名称から、大方の察しがつくはずである。ここでは、この項目に該当する文のヴァリエイションをあらためて図の形式で示しておくので、全体をしっかりと頭の中にいれておいてもらいたい。なお、それぞれの文に肯定形と否定形があるので、いわゆる「肯定文」と「否定文」は、独立した文の種類としてこの範疇に含めて考える必要はない。

```
意味（内容）の　┬ 平叙文：単にありのままを述べる文。
表現形式に基づ　│
く分類　　　　　├ 疑問文 ┬ 一般疑問文：Yes／No の返答を求める。
　　　　　　　　│　　　　├ 選択疑問文：二者以上から一者を選択。
　　　　　　　　│　　　　├ 特殊疑問文：主として５Ｗ１Ｈの疑問詞を用いる。
　　　　　　　　│　　　　├ 付加疑問文：聞き手の同意を求めたり、話し手の
　　　　　　　　│　　　　│　　　　　　 確信を述べたりする。
　　　　　　　　│　　　　└ 修辞疑問文：反語的疑問
　　　　　　　　├ 命令文：命令や禁止（＝肯定命令、否定命令）
　　　　　　　　├ 祈願文：願望を表す。文尾に感嘆符（！）を付す。
　　　　　　　　└ 感嘆文：感嘆を表す。文尾に感嘆符を付す。
　　　　　　　　　　　　　 "What" や "How" で書き始める典型的なパターン
　　　　　　　　　　　　　 のほか、さまざまな文の文尾に感嘆符を付すことに
　　　　　　　　　　　　　 より、感嘆文とすることが可能。
```

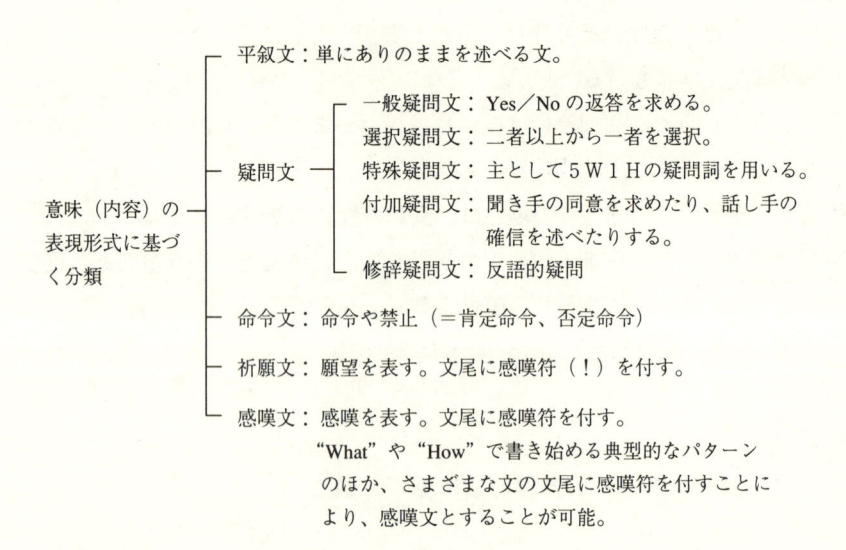

※ 5W1H ＝ When, Where, Who, What, Why, How

3　節の数と節同士の関係という観点

　主部と述部の単位を「節」という。1つの節により形成される文を「単文」という。一方で、複数の節により成り立つ文は、節同士の関係の仕方に応じて、「重文」・「複文」・「混（合）文」の3つに分類できる。以下、「単文」を除く3つの文について簡単な定義と若干の例文を掲げておく。

(1) 重　文

　2つ以上の節が、文法的・意味的に対等の ── 等位の ── 関係にある文。節同士は、"and"、"but"、"or"、"so"、"for" などの「等位接続詞」によって結びつけられ、等位接続詞によって連結されたそれぞれの節を

「等位節」という。なお、"both ~ **and**"，"not only ~ **but** also"，"either ~ **or**" などのように、他の語句と対をなす等位接続詞を「相関接続詞」という。

┌────── 等位節 ──────┐　　┌────── 等位節 ──────┐
I got up early this morning, **and** I walked in the park for an hour.
　　　　　　　　　　　　　等位接続詞
「私はけさ早起きをして、1時間公園を散歩した。」

┌────── 等位節 ──────┐　　┌──── 等位節 ────┐
I had studied hard for the test, **but** I could not pass it.
　　　　　　　　　　　　等位接続詞
「私はその試験のために一生懸命勉強していたが、合格できなかった。」

(2) 複　文

　2つ以上の節が文法的・意味的に主従の関係にある文。一方の節を「主節」、他方の節を「従（属）節」と言い、両節は、従節の節頭に位置する「従位接続詞」によって結びつけられる。従節は、主節に対する不随的な要素であり、主として次の3つの機能を果たす。

　① **名詞節として**：名詞としての機能を果たすわけだから、主部・補語・目的語・同格などを内容とする節。

　　◎ **That he should get angry** is natural.（主語）
　　　　従位接続詞
　　　「彼が腹を立てるのも当然だ。」

※　下線部の従節が主節の主部自体を形成している。なお、この例文のように、主部と述部のバランスが悪い場合には、主部全体を"It"（形式主語の It）で表すことによって文のバランスを整える方が望ましい。ただし、その場合でも、いわゆる"It‥‥that‥‥"構文の that 節が名詞節であることに変わりはない。

```
       ┌─── 名詞節 ───┐
       That he should get angry is natural.
     = It is natural that he should get angry.
                     └─── 名詞節 ───┘
```

◎ The fact is **that I do not know about it at all**.（補語）
　　　　　　　従位接続詞
「実のところ、それについては、まったくわかりません。」
　※　下線部の従節が、主節の不完全自動詞の補語自体を形成している。

◎ I do not know **if he will come to the party**.（目的語）
　　　　　　　従位接続詞
「彼がパーティに来るがどうかは、わかりません。」
　※　下線部の従節が、主節の完全他動詞の目的語自体を形成している。

◎ The news **that he killed a man** shocked his family.（同格）
　　　　　　従位接続詞
「彼が人を殺したという知らせに、彼の家族はショックを受けた。」
　※　下線部の従節が、直前の名詞"news"と同格になっている。

② 時・場所・条件・譲歩・原因・理由・目的などを内容とする**副詞節**として。

    ┌──── 従 節 ────┐ ┌──── 主 節 ────┐
◎ **When** I visited his office, he was talking on the phone.（時）
 従位接続詞（時）
 「彼のオフィスを訪ねたとき、彼は電話で話をしていた。」

    ┌─── 従 節 ───┐ ┌──── 主 節 ────┐
◎ **If** you see her, please tell her to call me.（条件）
 従位接続詞（条件）
 「彼女に会ったら、私に電話をかけるよう告げてください。」

    ┌──── 主 節 ────┐ ┌──── 従 節 ────┐
◎ We played outside, **though** it was still raining.（譲歩）
         従位接続詞（譲歩）
 「まだ雨が降っていたが、私たちは外で遊んだ。」

③ 主節の中の名詞相当語句を修飾する**形容詞節**として
 （関係詞の節がその代表）。

    ┌──── 主 節 ────┐ ┌─── 従 節 ───┐
◎ He is the only person **that** I can trust.
        関係代名詞
 「彼は、私が唯一信頼できる人物です。」

(3) 混（合）文

主として、重文における一方または両方の等位節が複文を形成している文。

◎ It seldom rains here, **but** when it does, it keeps raining for weeks.
「ここでは雨は滅多に降ることはないが、降れば、何週間も降り続く。」
※ 等位接続詞"but"に導かれる等位節が複文を形成している。

◎ I insisted that he should marry her, **but** he said that he had no will to do so.
「私は彼が彼女と結婚すべきだと主張したが、彼はその気がないと言った。」
※ 等位接続詞"but"の前後の等位節がそれぞれ複文を形成している。

第4章

準動詞

1 準動詞とは何か

　数々の文法事項の中でも、「準動詞」は、最も重要な項目の1つである。「準動詞という用語なんて習った覚えはない」読者も多いだろうが、心配には及ばない。「準動詞」に聞き覚えがなくても、「不定詞」や「動名詞」や「分詞」ならば誰もが親しんできた用語であるに違いない。「準動詞」とは、これら3つの総称である。
　準動詞（不定詞・動名詞・分詞）は、主語に対する述語動詞としての機能を持たない。だから、通常の述語動詞（本動詞）と区別して「準動詞」と呼ばれるのだが、述語動詞になれないという点を除けば、準動詞も動詞としての働きや性質を備えている。述語動詞がそうであるように、準動詞は、目的語や補語や修飾語（副詞相当語句）を導くことが可能だし、述語動詞に完了形があるように、準動詞にも完了形がある。準動詞は、文字どおり、「動詞に準じている」のだ。
　そればかりではない。準動詞は、述語動詞のこうした側面を備えているのと同時に、名詞や形容詞や副詞などの性質をも兼ね備えた「勝れもの」でもある。したがって、内容面は、その分だけ複雑多岐ではあるが、準動詞をマスターしているか否かによって、英文読解力や作文力に大きな違い

が生じてくる。準動詞が最も重要な文法項目の1つであるのは、このような理由による。

以上の点を今度は例文を通じて実際に感じ取ってもらいたい。まずは、例文をまとめて掲げておく。それぞれ下線を施した箇所が準動詞に当たる。念のため、文意も併せて考えてほしい。

(a) He repeated his explanation **to make** the point clear.（不定詞）
(b) That woman **talking** to the boy is my elder sister.（現在分詞）
(c) Do you mind my **smoking** here?（動名詞）
(d) She seems **to have been** rich.（不定詞）
(e) He denied **having killed** the man.（動名詞）

※ (c) の"my"は、"me"でも構わない。

いずれも平易な英文なので、文意は簡単に理解できるのではないだろうか。だが、ここでは文意よりも準動詞の働きそのものに注目してもらいたい。①動詞としての性質、②動詞以外の性質、という2つの側面が着眼点である。

(a) He repeated his explanation **to make** the point clear.
　「彼は、要点をはっきりとさせるために、説明を繰り返した。」
　① 〈動詞としての性質〉
　　目的語（"point"）と補語（"clear"）を伴う**不完全他動詞**。意味上の主語は、**文全体の主語**（"He"）に同じ。時制は、述語動詞同様、**過去時制**。
　② 〈動詞以外の性質〉
　　「彼が説明を繰り返した」理由を表す**副詞相当語句**（副詞的用法の

不定詞）（☞ 次の英文参照）。

He repeated his explanation **to make** the point clear.
= He repeated his explanation **so that** he **could** make the point clear.

(b) That woman **talking** to the boy is my elder sister.
「少年と話しているあの女性は、私の姉です。」
① 〈動詞としての性質〉
　　修飾語（副詞句 "to the boy"）を伴う**完全自動詞**。意味上の主語は、直前に位置する**文全体の主語**（"woman"）に同じ。時制は、述語動詞の時制および文意から考えて**現在進行形**（☞ 次の英文参照）。

That woman **talking** to the boy is my elder sister.
= That woman **who is talking** to the boy is my elder sister.

② 〈動詞以外の性質〉
　　直前の主語（名詞 "woman"）を修飾する**限定用法の形容詞相当語句**（現在分詞）。

(c) Do you mind my **smoking** here?
「ここで煙草を吸ってもいいですか。」
① 〈動詞としての性質〉
　　修飾語（副詞 "here"）を伴う**完全自動詞**。意味上の主語は、文全体の主語とは異なり、**直前の単語**（"my"）。時制は、述語動詞同様、**現在時制**（☞ 次の英文参照）。

Do you mind my smoking here?

＝ Do you mind if **I smoke** here?
　②〈動詞以外の性質〉
　　　述語動詞（"mind" ＝他動詞）の**目的語としての名詞相当語句**（**動名詞**）。

(d) She seems **to have been** rich.
　　「彼女は、裕福だったようだ。」
　①〈動詞としての性質〉
　　　補語（"rich"）を伴う**不完全自動詞**。意味上の主語は、**文全体の主語**（"She"）に同じ。時制は、述語動詞により示されている現在時制とは異なり、**過去時制もしくは現在完了時制**（☞ 次の英文参照）。
　　　She **seems to be** rich.
　　＝ It **seems** that she **is** rich.
　　　She **seems to have been** rich.
　　＝ It **seems** that she **was**（／**has been**） rich.

　②〈動詞以外の性質〉
　　　述語動詞（"seems" ＝不完全自動詞）の**補語としての叙述用法の形容詞相当語句**（形容詞的用法の不定詞）。

(e) He denied **having killed** the man.
　　「彼は、その男を殺したことを否定した。」
　①〈動詞としての性質〉
　　　目的語（"man"）を伴う**完全他動詞**。意味上の主語は、**文全体の主語**（"I"）に同じ。時制は、述語動詞によって示されている過去時

制とは異なり、**過去完了時制**（☞ 次の英文参照）。

He **denied having killed** the man.
= He **denied** that he **had killed** the man.

② 〈動詞以外の性質〉

述語動詞（"denied"＝完全他動詞）の**目的語**としての**名詞相当語句**（**動名詞**）。

さて、どうであろうか。(a) ～ (e) の英文を最初に読んだ時点で、すべて文意がとれた読者であれば、上の説明は、ごく当たり前のこととして読めたはずである。しかし、英文は、常にこうした平易なものばかりだとは限らない。目の前の英文に、馴染みのない単語がいくつも用いられていたり、修飾語がさらに別の修飾語を伴っているような、長くて複雑な英文に接すると、それだけで圧倒されてしまい、上に示したような準動詞の本質を見失いがちになるのが、一般的な傾向であろう。

一例を挙げよう。次の英文は、筆者が大学2年生のクラスで使ったことのある短篇小説からの抜粋である。難しい単語は1つもないはずなのに、文意を正確に理解できない学生が少なからずいた。

"I don't like his being out after dark."
(Raymond Carver, "Bicycles, Muscles, Cigarets" より)

何人かの学生に訊ねてみると、"his being out" の箇所が、何やら意味深長な内容を表現していると勝手に思い込んでいるということが判明した。そこで、この英文を、次の3通りに書き換えて板書したところ、学生たちの

疑問は、たちまち解消した。

"I don't like **his being out** after dark."
= "I don't like **him being out** after dark."
= "I don't like **him to go out** after dark."
= "I don't want **him to go out** after dark."

要するに、一部の学生には、動名詞 "being（out）"——現在分詞ではなく動名詞であるのは、他動詞 "like" の目的語になっているからだ——の意味上の主語が、直前の "his" であるという基礎的な理解力が欠けていたのである。それのみならず、"his being out" に集中しすぎたせいか、述語動詞 "like" が、意味によっては動名詞と不定詞のいずれをも目的語にできるという、普段であればよくわかっているはずの事項ですら、うっかり見失ってしまっている。それにしても、"his being out" がわからずに "him to be out" がわかるというのは、やはり、準動詞の本質を理解していないことの表れであると考えざるを得ない。

この事例からも明らかなとおり、しっかりとした英語力を身につけるためには、準動詞に出くわすたびに、面倒でも、先ほど掲げたような確認作業を繰り返すべきである。確認すべき具体的な項目は、主として以下の4点である。

1　準動詞それ自体が、5つの動詞（完全自動詞・不完全自動詞・完全他動詞・授与動詞・不完全他動詞）のうち、どれに相当するか。つまり、準動詞に続く要素が、名詞・形容詞・副詞のいずれであるか。また、名詞であれば、名詞の数は1つであるか、2つであるか。
2　準動詞の意味上の主語は何か。

3 時制は何か。
4 準動詞自体が、名詞・形容詞・副詞のうち、どの品詞として用いられているか。つまり、その準動詞が、主語・補語・目的語・修飾語のうち、どの役割を果たしているか。

次に、準動詞の内容を、より細かくみておこう。(※ 準動詞は、不定詞・動名詞・分詞に三分して説明されるのが一般的であるし、再学習の際にも、それに倣って要点を整理していくのが賢明だと思う。しかし、ここでは、そうした一般的な区分にはあえて頼らないことにする。三者それぞれについての内容整理は、読者自らが実践すべきことであるし、また、そうでなければ、読者の英語力が養われることはないからである。ここでは、上に掲げた4項目のうちの第4番目のポイント（準動詞の働き）にしたがって準動詞をみていくことにする。)

2 名詞の働きをする準動詞

「名詞の働きをする」ということは、文の中で「主語・目的語・補語となる」ということを意味する。不定詞・動名詞・分詞のすべてが名詞の働きを持つが、分詞が名詞として用いられるケースは極めて少なく、主として定冠詞 ("the") を冠し、人やもの（抽象名詞）を表す場合に限られる。

　　(例)　the wounded 「負傷者」　　the unexpected 「予期せぬこと」
　　　　 the living 「生きている人々」
　　　　(参照) a living 「生計」

なお、すべての準動詞には名詞の働きが備わっているのだが、それらが主語その他の要素として用いられる場合と、そうでない場合とがある。この点に十分に注意して、以下の例文に目を通していってもらいたい。

《主語として＝すべての準動詞》

　　To see is to believe.（名詞的用法の不定詞）
　　「百聞は一見にしかず。」
　　Seeing is believing.（動名詞）
　　「　〃　」
　　The wounded recovered soon.（過去分詞）
　　「負傷者らは、すぐに回復した。」

《完全他動詞の目的語として＝すべての準動詞》

　　I like **to sing** songs.（名詞的用法の不定詞）
　　「私は歌をうたうのが好きだ。」
　　I like **singing** songs.（動名詞）
　　「　〃　」
　　The ambulance carried **the wounded** to the hospital.
　　「救急車は、負傷者たちを病院に運んだ。」（過去分詞）

　※　目的語になるのが、不定詞と動名詞のいずれであるかは、述語動詞（完全他動詞）の性質によって決定される。次の4パターンに注意すること。

1　不定詞・動名詞とも可能で、しかも、述語動詞自体の意味に影響が及ばないもの。例文に挙げた"like"のほか、"start" "begin"など。
　　I **started** **to work** at 7:30 in the morning.

＝I **started working** at 7:30 in the morning.
「私は、午前7時半に仕事をし始めた。」

2　不定詞・動名詞ともに可能だが、述語動詞の意味に影響が及ぶもの。この部類に属する代表的な完全他動詞は、"remember"、"forget"、"try" など。数はさほど多くはないので、参考書に掲げてある程度のものは、例文を通じて暗記しておきたい。

　　Please **remember to lock** the door.
　　　　　　　　　　　（忘れずに〜する）
　　「忘れずにドアに鍵をかけてください。」
　≠ Please **remember locking** the door.
　　　　　　　　　　（〜した覚えがある、〜したのを覚えている）
　　「ドアに鍵をかけたことを覚えておいてください。」

なお、次のケースでは、最初の文の不定詞が名詞的用法ではなく副詞的用法である点に注意してほしい。その意味では、上の例文と性質を異にする。

　　He **stopped to smoke**.
　　「彼は煙草を吸うために立ち止まった。」
　≠ He **stopped smoking**.
　　「彼は煙草を吸うことをやめた＝禁煙した。」

3　不定詞のみを目的語とするもの。"want"、"ask"、"order" など願望・依頼・命令などを内容とする完全他動詞。

　　（正）I want **to become** an actor. 「私は男優になりたい。」
　　（誤）I want **becoming** an actor.

4　動名詞のみを目的語とするもの。この部類に属する代表的な完全他動詞は、"finish", "enjoy", "mind", "admit" など。数はさほど多くはないので、参考書に掲げてある程度のものは、例文を通じて暗記しておきたい。

He **finished drawing** the picture.
「私は、絵を描き終えた。」
I **enjoyed playing** golf.
「私は、ゴルフを楽しんだ。」

《前置詞の目的語として＝主として動名詞》
※　例外的に不定詞が前置詞の目的語になる場合もある。

He is **about to die**.（名詞的用法の不定詞）
「彼は、死にかけている。」
The hospital was filled **with the wounded**.（過去分詞）
「その病院は、負傷者たちでいっぱいだった。」
I am proud **of having** won the first prize in the contest.
（動名詞）
「私は、そのコンテストで一等賞をとったのが自慢だ。」
He was not aware **of having** left his umbrella on the train.
（動名詞）
「彼は、電車に傘を忘れてしまっていたことに気づかなかった。」

《補語として＝すべての準動詞》

To see is **to believe**.（名詞的用法の不定詞：主格補語）
Seeing is **believing**.（動名詞：主格補語）
They are **the wounded** in the battle.（過去分詞：主格補語）

「彼らは、その戦闘の負傷者だ。」
I want you **to study** harder.（名詞的用法の不定詞：目的格補語）
「私は、君にもっと一生懸命勉強してもらいたい。」
I do not want you **going** out alone.（現在分詞：目的格補語）
「あなたにひとりで出かけてほしくはない。」

3　形容詞の働きをする準動詞

　「品詞」の項目で確認したように、形容詞には2つの用法がある。不完全動詞の補語となる「叙述用法」と、名詞を修飾する「限定用法」である。「叙述用法」、すなわち、補語として用いることのできる形容詞相当語句としての準動詞は、不定詞（形容詞的用法の不定詞）と分詞だけであり、動名詞はそれ自体名詞であるためにここでは対象外である。一方で、不定詞・動名詞・分詞のすべてが「限定用法」の形容詞としての働きを持つが、このうち動名詞については、少々、注意が必要である。読者の方々は、「名詞の形容詞的用法」というのをご存じだろうか。名詞にも形容詞の働きがあるのだ。外来語として日本語に定着しつつあるカタカナ英語から例を挙げれば、次のようなものが思い浮かぶ。

　　ウーマン・ライター　（a **woman** writer）　→女性の作家　→女流作家
　　フラワー・ベッド　　（a **flower** bed）　　→花の床　　　→花壇
　　ブック・レヴュー　　（a **book** review）　 →本の批評　　→書評

それぞれ下線を施した箇所が、名詞から形容詞に転用され、直後の名詞と合体して1つの新たな名詞を形成している。動名詞が「限定用法」の形容

詞として用いられる場合も、これと同じ理屈である。しかし、見かけの上では動名詞も現在分詞も同じなので、両者を混同しないように注意しなければならない。

(例) ┌ a **smoking** room「喫煙室」
　　　│　(＝ a room for **smoking** in：動名詞)
　　　│
　　　└ a **smoking** man「煙草を吸っている男」
　　　　　(＝ a man who is **smoking**：現在分詞)

　　　┌ a **swimming** cap「水泳帽」
　　　│　(＝ a cap for **swimming**：動名詞)
　　　│
　　　└ a **swimming** boy「泳いでいる少年」
　　　　　(＝ a boy who is **swimming**：現在分詞)

《叙述用法の形容詞として＝不定詞・分詞》
　※　以下の例文中の下線を施した箇所は、すべて補語に相当する。

He seems (／appears) **to be** rich.（形容詞的用法の不定詞）
「彼は、金持ちであるようだ。」
We happened (／chanced) **to see** him at the concert hall.
（形容詞的用法の不定詞）
「私たちは、コンサート・ホールで偶然彼に会った。」
He proved (／turned out) **to be** the son of the famous actor.
（形容詞的用法の不定詞）
「彼は、有名男優の息子であることが判明した。」
I came **to believe** in God.（形容詞的用法の不定詞）
「私は、神の存在を信じるようになった。」

She remains **sitting** on the grass.（現在分詞）
　「彼女は、草の上に座ったままだ。」
　　She remains **unmarried**.（過去分詞）
　「彼女は、未婚のままだ。」
　　He kept me **working** all the day.（現在分詞）
　「彼は、1日中、私を働かせ続けた。」
　　He kept his eyes **fixed** on the beautiful woman.（過去分詞）
　「彼は、その美しい女性に視線を注ぎ続けた。」
　　I saw him **stealing** something at the supermarket.（現在分詞）※
　「私は、彼がスーパーマーケットで何か盗んでいるのを目撃した。」
　　I saw him **steal** something at the supermarket.（原形不定詞）※
　「私は、彼がスーパーマーケットで何か盗むのを目撃した。」
　　I saw his wallet **stolen** at the supermarket.（過去分詞）※
　「私は、彼の財布がスーパーマーケットで盗まれるのを目撃した。」

※　現在分詞（"stealing"）の場合は、目の前で継続している動作を強調し、原形不定詞（"steal"）の場合は、目の前の事実そのものを強調する。また、過去分詞（"stolen"）は、受動態の意味を持つ。なお、感覚動詞（知覚動詞）や使役動詞が第5文型を形成する際に、分詞や不定詞（や形容詞）が補語になることに注意する。

《限定用法の形容詞として＝不定詞・分詞》
　① He has no friend **to help** him.（形容詞的用法の不定詞）
　　（＝ He has no friend that will help him.）
　「彼には助けてくれる友人がいない。」
　② He has no friend **to help**.（形容詞的用法の不定詞）
　　（＝ He has no friend that he should help.）

「彼には助けねばならない友人はいない。」

③ He has no house **to live** in.（形容詞的用法の不定詞）

　= He has no house in which **to live**.（形容詞的用法の不定詞）

　(= He has no house in which he can live.)

「彼には住む（ための）家がない。」

※　①～③の例文から明らかなとおり、限定用法の不定詞（形容詞的用法）は、直前の名詞相当語句を修飾するのだが、（　）内の複文が示しているように、修飾を受ける名詞相当語句は、内容上、準動詞の主語（①の例文）、目的語（②の例文）、修飾語の一部（③の例文）というふうに、さまざまであることに気づいてほしい。

④ Look at the **standing** woman.（現在分詞）

「立っている女の人を見なさい。」

⑤ Look at the woman **standing** over there.（現在分詞）

「あそこに立っている女の人を見なさい。」

⑥ Look at the **injured** man.（過去分詞）

「怪我をした男の人を見なさい。」

⑦ Look at the man **injured** in the accident.（過去分詞）

「その事故で怪我をした男の人を見なさい。」

⑧ Look at the **fallen** trees.（過去分詞）

「倒れた木々を見なさい。」

⑨ Look at the trees **fallen** by the storm.（過去分詞）

「嵐で倒れた木々を見なさい。」

※　分詞が単独で名詞相当語句を修飾する場合、その分詞は、一般の形容詞と同様に、名詞相当語句の直前に位置する（④・⑥・⑧の例文）が、分詞が修飾語を伴う場合は、その分詞は、名詞相当語句の直後に置かれる（⑤・⑦・⑨の例文）。また、原則として、他動詞・自動詞から派生させた現在分詞は、進行形の意味を表す（④・

⑤の例文:"standing"は、自動詞から派生させた現在分詞）が、他動詞から派生させた過去分詞が受動態の意味を表す（⑥・⑦の例文）のに対して、自動詞から派生させた過去分詞は、完了や結果の意味を表す場合が一般的である（⑧・⑨の例文）。

4　副詞の働きをする準動詞

　「副詞の働きをする」というのは、「動詞・形容詞・他の副詞・節全体を修飾する」という意味である。こうした副詞の働きをする準動詞は、不定詞と分詞だけである。副詞的用法の不定詞は、目的・原因／理由・結果・条件・程度などの意味を表す。また、「独立不定詞」── 条件や譲歩を表す慣用句 ── も、節全体を修飾する副詞の働きを持つので、この部類に属する。分詞は、主として「分詞構文」（後述）という副詞句の形で節全体を修飾し、時・条件・譲歩・原因／理由・付帯状況を表す。

　　I studied hard **to pass** the test.　　（目的：動詞"study"を修飾）
　　「私は、試験に合格するために、熱心に勉強した。」

　　I am sorry **to be** late.　　（原因：形容詞"sorry"を修飾）
　　「遅れてしまって申し訳ありません。」

　　You were right **to reject** his offer.
　　　　　　　　　　　　　　　　（理由：形容詞"right"を修飾）
　　「彼の申し出をお断わりして、あなたは正解でした。」

He grew up **to become** a great artist.
　　　　　　　　　　　　　（結果：動詞句"grew up"を修飾）
「彼は、成長して偉大な芸術家になった。」

To hear him speak English, you would think him an Australian.
　　　　　　　　　　　　　（条件：後続の節全体を修飾）
「彼が英語を話すのを聞けば、あなたは彼をオーストラリア人だと思うだろう。」

It was too late **to play** outside.　　（程度：副詞"too"を修飾）
「外で遊ぶには遅すぎた。」

It was hot enough **to swim**.　　（程度：副詞"enough"を修飾）
「泳げるほど暑かった。」

To tell (you) the truth, I know nothing about it.
　　　　　　　　　　（独立不定詞：条件：後続の節全体を修飾）
「本当のことを言えば、私は、そのことについて何も知らないのです。」

Strange to say, my hair turned white in a day.
　　　　　　　　　　（独立不定詞：譲歩：後続の節全体を修飾）
「不思議なことだが、私の髪は、1日で白髪になった。」

Walking in the park, I saw him jogging.
　　　　　　　　　　　（分詞構文：時：後続の節全体を修飾）
「公園を散歩しているとき、私は、彼がジョギングしているのを見た。」

Seen from a distance, the rock looks like a monkey.
　　　　　　　　　　　（分詞構文：条件：後続の節全体を修飾）
「遠くから見ると、その岩は、猿のように見える。」

Being tired, I kept studying until midnight.
　　　　　　　　　　　（分詞構文：譲歩：後続の節全体を修飾）
「疲れていたけれども、私は、真夜中まで勉強した。」

Being tired, I went to bed early.
　　　　　　　　　　（分詞構文：原因／理由：後続の節全体を修飾）
「疲れていたので、私は、早く寝た。」

I talked a lot with him, **walking** in the park.
　　　　　　　　　　（分詞構文：付帯状況：先行する節全体を修飾）
「公園を散歩しながら、私は、彼とたくさん話をした。」

5　分詞構文

　分詞（現在分詞・過去分詞）は、be動詞や助動詞haveとともに用いて進行時制や完了時制、受動態を形成するといった基本的な用法のほかに、これまでに確認してきたとおり、特殊な名詞を形成したり、限定用法の形容詞（＝修飾語）や叙述用法の形容詞（＝補語）として用いられる。
　その一方で、分詞は、上の例文中に掲げたように、時・条件・譲歩・原因／理由・付帯状況を内容とする副詞句を形成することがある。これが

「分詞構文」と呼ばれるものであるが、副詞句ではありながら、分詞が、時・条件その他を内容とする接続詞の役割を果たしているという点が、この構文の特徴である。実際に、分詞構文は、副詞節や一部の等位節に書き換えることができる。したがって、分詞構文をしっかりと理解するためには、時・条件その他を内容とする節を分詞構文に書き換えたり、分詞構文を節に書き換える練習が最も効果的であり、かつ、不可欠である。以下、節から分詞構文へ転換する際の基本的な手順をまとめておくので参考にしてもらいたい。分詞構文から節への転換は、同じ手順を逆に辿ればよい。

◇ 分詞構文に書き換えることのできる節
 1 時・条件・譲歩・原因／理由・付帯状況を内容とする副詞節（＝複文における従節）
 2 付帯的内容の等位節（＝一部の重文における付帯的内容の等位節）
 たとえば、

  He kicked the door, and (he) went out.
  (→ **Kicking the door**, he went out.)
  「ドアを蹴りながら、彼は出ていった。」

◇ 節から分詞構文への書き替えの手順
 手順１　【接続詞の処理】
  節を句に変えるわけだから、原則として接続詞を省く。ただし、接続詞がなければ、文の均整が損なわれたり、次の例文のように、分詞のみでは接続詞の意味が正確に読み取れない場合は、接続詞を残す。

  Seeing me, he ran away.

  ※　もともとの節が、"**When** he saw me,"（時）なのか、"**As** he saw me,"（原因／

理由）であるのかが曖昧なので、前者の場合には、"When seeing me,"、後者の場合には、"As seeing me," というふうに、接続詞を残した形で分詞構文に書き換えるべきである。

手順2　【主語の処理】

　　分詞構文に書き換えられる節の主語が、もう一方の節（主たる節）の主語と共通であれば、主語を省略し、異なれば、主語を残す。後者のケースで書き換えられた分詞構文を、一般的に、「**独立分詞構文**」という。また、独立分詞構文となるべきケースでも、分詞の意味上の主語が一般の人であるような慣用化した表現の場合は、主語を省く。この種の構文は、通常の独立分詞構文と区別され、「**非人称独立分詞**」と呼ばれることがある。

（例）Because **it** was too hot, **we** decided not to go out.
　　= **It** being too hot, **we** decided not to go out.（独立分詞構文）
　　「暑すぎたので、私たちは、外出しないことに決めた。」

　　　If **we** judge from the weather report, **it** will be fine tomorrow.
　　　「天気予報から判断すれば、明日は晴れるだろう。」
　　≠ **We** judging from the weather report, it will be fine tomorrow.
　　= Jugding from the weather report, it will be fine tomorrow.　　　　　　　　　（非人称独立分詞）

手順3　【述語動詞の処理】

　　述語動詞は、原則として、現在分詞にする。ただし、以下の4点に注意しなければならない。

（1）述語動詞がもともと進行時制の場合は、"being" を省略する。

While I **was traveling** through America, I happened to see an old friend mine.
　＝While **traveling** through America, I happened to see an old friend of mine.
　「アメリカを旅しているときに、私は、旧友に会った。」

(2) 述語動詞がもともと受動態である場合は、一般的に"being"を省略し、過去分詞のみを残す。
　　If **it is seen** from a distance, the rock looks like a monkey.
　＝**Seen** from a distance, the rock looks like a monkey.

(3) 述語動詞の時制が、もう一方の節の時制よりも前である場合は、"having＋過去分詞"という形にする。
　　Because I **had finished** my homework, I **could** enjoy watching TV.
　＝**Having finished** my homework, I **could** enjoy watching TV.
　「宿題を終えていたので、私は、テレビを観ることができた。」

(4) 分詞構文に書き換えられる節が、もともと否定文である場合は、否定を表す副詞を分詞の前に置く。
　　Because I did not know his address, I could not write to him.
　＝**Not knowing** his address, I could not write to him.
　「彼の住所を知らなかったので、私は、彼に手紙を書くことができなかった。」

第 5 章

時　制

「英語には時制がいくつありますか？」英文和訳であれ英作文であれ、時制を無視した解答に出くわすと、筆者は学生たちに必ずこういう質問をする。半数程度の学生は、「3つです」と妥当な答えを返してくるのだが、残りの学生たちの返答は、4から10前後まで、一様ではない。

「3つ」と答えた学生の念頭にあるのは、もちろん「現在時制」・「過去時制」・「未来時制」である。「4つ」以上の学生の場合は、それらに加えて「進行形」か「完了形」か「完了進行形」のうちどれかをカウントしている。いずれの学生の場合も、着眼点に問題はない。だが、さらに細かい質問を重ねていくと、ほぼすべての学生が、英語の時制表現を極めて曖昧にしか認識していないということに、いつも気づかされる。

先の質問の返答として筆者が学生たちに期待する数字は、「3」・「6」・「9」・「12」のいずれかである。正確には、「現在」・「過去」・「未来」── 文法書によっては、未来時制は存在しない、と説明されるが、ここでは「未来」も時制の1つに数えておく ── の「3」時制が正答なのだが、これらの基本3時制には、「進行相」・「完了相」・「完了進行相」という3つの相が伴うことがある（次頁図参照）。したがって、この3相のうちの1つか2つ、あるいは3つすべてを基本3時制と組み合わせることによって、時制表現のヴァリエイションは、「6」・「9」・「12」へと膨れ上

がるのである。

時制表現のヴァリエイション

基本3時制	進行相	完了相	完了進行相
現在形	現在進行形	現在完了形	現在完了進行形
過去形	過去進行形	過去完了形	過去完了進行形
未来形	未来進行形	未来完了形	未来完了進行形

そこでさっそく提案だが、「英語の時制表現は12通りである」と覚えてしまったらどうだろうか。確かに文法書には、「時制」と「相」とがはっきりと区別されてはいる。その意味では、両者を混同することは、不正確な知識を身につけてしまうことを意味する。しかし、12通りの「時」を実際に英文で表現する場合には、動詞の表現形式を12通りに使い分けるわけだし、この12通りの「時」は、いずれも固有の時概念を持っているわけだから、「時制」と「相」との厳密な区別に注意を払うことよりも、12通りの個別の「時」が、それぞれどのようなイメージの「時」であり、どのような表現形式で表わされるのかという点をしっかりと認識しておくことの方が、はるかに重要なのではないだろうか。少なくとも、再学習に臨もうとする読者の方々にとっては、この考え方に沿った学習が効果的であると思う。以下、例文を挙げながら、個別の時制表現の内容を整理しておくので、再学習の参考にしていただきたい。

1　現在時制

★　表現形式と要点

　3人称単数（代名詞に置き換えると"He", "She", "It"で表されるもの）を主語とする肯定文の場合は、一般動詞の綴りや発音に影響を受けて語尾に変化が生じるというのが最大の注意点。

　　　　He go**es**　(tak**es**, stud**ies**,...) ...

その他の留意点については、了解済みだと考えられるので、説明を省く。

★　主な用例

☆現在の事実・状態・動作

　　　　I **remember** his name.「私は彼の名前を覚えている。」

☆現在の習慣的行為

　　　　He gets up early **every morning**.「彼は毎朝早起きをする。」

☆一般的（／不変の）真理

　　　　The moon **moves** around the earth.
　　　　「月は地球のまわりを回っている。」

☆確定未来

　　　　I **leave** for America **tomorrow morning**.
　　　　「私は明朝アメリカへ発ちます。」

☆時／条件を表す副詞節の中で

　　　　We will go on a picnic **if** it **is** fine tomorrow.
　　　　「もし明日晴れれば、私たちはピクニックに出かけます。」

2 過去時制

★ 表現形式と要点

　動詞の過去形で表す。一般動詞には規則変化動詞（動詞の語尾を"－ed"で表す）と不規則変化動詞（固有の過去形を持つ）とがあるので要注意。特に、不規則変化動詞については、少なくとも、中学3年間で学習する70語程度（次章参照）を、過去分詞形・現在分詞形もあわせてすべて覚えておくべきである。

★ 主な用例

☆過去の事実・状態・動作

　　　I **went** to the station to see my friend off.
　　　「私は、友達を見送りに駅に行った。」

☆過去における習慣的行為

　　　In my high school days, I **often** **sat** up late at night.
　　　「高校時代は、よく夜ふかししたものだ。」

☆仮定法過去の英文で（意味は現在時制）

　　　If I **were** you, I **would** not attend the meeting.
　　　「私があなたなら、その会合には出席しない。」

☆経験用法（「経験」を表す現在完了時制の代用として）

　　　Did you **ever** drive a car? 「車を運転したことがありますか。」
　　　（＝Have you ever driven a car?）

☆丁寧用法（意味は現在時制）

　　　Would you pass me the salt?
　　　「塩をまわしていただけませんか。」
　　　（**Will** you pass me the salt? の丁寧表現）

3 未来時制

★ 表現形式と要点

　未来時制は、内容面では「単純未来」（人の意志に関わりのない未来の事柄を表す）と「意志未来」（人の意志によって生じる未来の事柄を表す）とに大別でき、いずれも助動詞 "shall"，"will" を述語動詞と併用することによって表現できる。ただし、アメリカ英語では、以下の例文に掲げた特別な場合を除いて、「単純未来」・「意志未来」ともに "will" を用いる傾向が強い。なお、未来時制の表現形式には、以上の助動詞以外にも "be going to（do～）"（近接未来・意志・予定・予想）、"be about to（do～）"（近接未来）を代表とする熟語形式の表現方法もある。また、現在進行時制が未来時制に代用されることもある。

★ 主な用例

☆単純未来

　　　　He **will** arrive here in a few days.
　　　　「2、3日後には、彼はここに着くだろう。」
　　　　It **will** snow tomorrow. 「明日は雪が降るだろう。」
　　　　I **will** be thirty next month. 「来月、30歳になります。」

☆意志未来

　　　　I **will** call you up again. 「また電話をかけます。」
　　　　Whatever his father says, he **will** not change his mind.
　　　　「父親が何を言おうと、彼は決心を変えはしない。」
　　　　Will you go there?
　　　　　（＝意志。「あなたはそこに行くつもりですか。」）
　　　　　（＝依頼。「そこに行ってくれませんか。」）

（＝勧誘。「そこに行きませんか。」）

Shall I open the window?

（＝相手の意志［意向］を尋ねる。「窓を開けましょうか。」）

Shall we have lunch?（＝勧誘。「昼食にしませんか。」）

You（／He／She／It／They）**shall** have it.

（＝話者の意志。「君（／彼／彼女／それ／彼ら）にそれをあげる。」）

※ 話者の意志を表すこの英文は、次のように書き換えることができる。

　＝I **will** give you（／him／her／it／them）it.

　＝I **will** make（／let）you（／him／her／it／them）have it.

☆未来時制の代用表現

When **are** you leav**ing** for Tokyo?

「東京へはいつお発ちになりますか。」

I **am going to** visit my uncle.

「私は伯父を訪ねるつもり（／予定）だ。」

The moon **is about to** rise. 「月が昇りかけている。」

The moon **is on the point of** rising. 「 〃 」

I **am to** meet her at the station.

「私は駅で彼女に会うことになっている。」

4　現在進行時制

★　表現形式と要点

《be動詞の現在形（is, am, are）＋現在分詞（動詞の〜ing形）》という表現形式をとる。内容的には、主として現在の時点における動作や状態の一時的な継続を表す。その他、「習慣的な行為」に対する「いらだち」

を表現したり、すでに述べたとおり、未来時制の代用ともなる。なお、「主語」の意志に左右されない内容を持つ一連の動詞 —— たとえば、"know", "see", "resemble",「所有」の意味の"have"など —— は、進行時制にできない点に注意しなければならない。

★　主な用例

☆動作や状態の一時的継続

　　　　He **is** listen**ing** to the radio.「彼はラジオを聴いている。」
　　　　It **is** still snow**ing** outside.「外はまだ雪が降っている。」
　　　　The sun **is** ris**ing**.「太陽が昇りかけている。」

☆習慣的行為

　　　　He **is** always complain**ing** of his wife.
　　　　「彼はいつも奥さんのことをこぼしてばかりいる。」
　　　　She **is** constantly find**ing** fault with others.
　　　　「彼女は絶えず他人のあらをさがしてばかりだ。」
　　　　※　"always", "constantly", "usually"などの頻度を表す副詞と併用し、「主語」に対する話者の「いらだち」を表現している。

☆未来時制の代用

　　　　When **are** you leav**ing** for Tokyo?
　　　　「東京へはいつお発ちになりますか。」

5　過去進行時制

★　表現形式と要点

　　《be動詞の過去形（was, were）＋現在分詞》という表現形式をとる。

時制の違いを除き、用法や意味については、現在進行時制の場合と大差がないので、以下の説明と用例を省略する。

6　未来進行時制

★　表現形式と要点
　《will（／shall）＋be＋現在分詞》という表現形式をとる。未来の一時点における進行中の動作を推測する内容となる。未来時制とは異なり、話者の感情を生き生きと表現する場合が多い。

★　主な用例
☆未来における進行中の動作

　　　We **will be** fly**ing** over the Pacific at about eight tomorrow morning.
　　　「明朝8時頃には、太平洋上空を飛んでいるだろう。」
　　　It **will be** rain**ing** when you get home.
　　　「君が帰宅する頃には、雨が降っているだろう。」
☆未来における動作の開始
　　　The sun **will be** sett**ing** when we get home.
　　　「帰宅する頃には、太陽が沈みかけているだろう。」
　　　The water **will be** freez**ing** in an hour.
　　　「1時間後には、水は凍りかけているだろう。」
　　※　この用法の動詞は、「沈む」（"set"）、「凍る」（"freeze"）、「開く」（"open"）など、それ自体、完了的な意味を持つものに限られる。

7　現在完了時制

★　表現形式と要点

　《have（／has）＋過去分詞》という表現形式をとる。内容的には、過去の一時点から現在時点までの動作や状態の「完了」・「経験」・「継続」・「結果」を表す。過去時制が、過去の一時点における事実そのものを述べるのに対して、現在完了時制は、過去の一時点から現在時点までのいわば「時間の帯（おび）」を前提とする点が特徴である。したがって、現在完了時制は、"ago"、"just now"、疑問副詞"when"、"what time"など、過去の一時点を示す副詞（句）と併用することができない。また、日本語では、過去時制と現在完了時制との区別が必ずしも明確ではないので、特に英作文の際には、伝える内容が「時間の帯」を前提とするものか否かを慎重に判断しなければならない。

　（例）「このワープロをもう10年使っているが、まだ一度も故障したことがない。」

　上の日本文は、10年前に入手し、使い始めた（＝過去）ワープロを現在もなお使用しているということ、また、使用開始（＝過去）から現在に至るまで故障したことがないということを伝えているわけだから、明らかに「時間の帯」が前提とされている。

　（英作例）
　　　I **have** already **used** this word processor for ten years, but（／and）it **has** never **gone** wrong yet.

★ 主な用例

☆「完了」

> I **have** just (／already) **finished** my homework.
> 「ちょうど（／もう）宿題を済ませたところだ（／済ませてしまった）。」
> ※ "just", "already", "yet" などの副詞（句）を伴う場合が多い。

☆「経験」

> I **have seen** his wife twice.
> 「彼の奥さんには2度会ったことがある。」
> ※ "ever (never)", "before", "once (twice, three times …)" などの副詞（句）を伴う場合が多い。

☆「継続」

> I **have known** him since his childhood.
> 「彼が子供の頃から、彼を知っている。」
> ※ "since"（「～以来」）, "for"（「～のあいだ」）, "always" など、開始時点や期間を表す語・句・節を伴う場合が多い。

☆「結果」

> Spring **has come**. [So it is spring now.]
> 「春がきた。[だから今は春だ。]」
> Father **has gone** to Tokyo on business. [So he is not at home now.]
> 「父は商用で東京に行きました。[だから今は家にいません。]」
> ※ 「完了」と区別しにくいが、「結果」を表す場合は、例文中の [ ] 内が示すように、「だから今は～だ」、「～して今は～だ」という意味合いを伴う状況で用いる。たとえば、上の2つめの英文を、"Is Mr. Smith at home?"（「スミスさんはご在宅ですか。」）という訪問者の質問に対する、スミス氏の子供の返答であると考えればよい。

8　過去完了時制

★　表現形式と要点

《had＋過去分詞》という表現形式をとる。意味や用法については、現在完了時制に準じるが、現在完了時制が前提とする「時間の帯」が、過去の一時点から現在時点であるのに対して、過去完了時制が表す「時間の帯」は、過去の一時点から、時を経たもう1つの過去の一時点までである（下図参照）。したがって、過去完了時制で表現される英文には、文脈から判断できる場合以外は、基準となる過去の一時点（図中の「過去2」）を示す語（・句・節）が不可欠である。

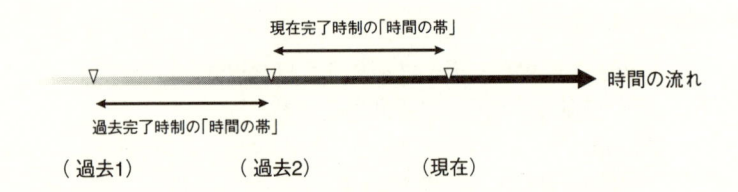

```
                    現在完了時制の「時間の帯」
        ▽           ▽           ▽        → 時間の流れ
        ─────────────
        過去完了時制の「時間の帯」

      （過去1）    （過去2）    （現在）
```

★　主な用例

☆「完了」

　　　　When I visited his office, he **had** already **gone** home.
　　　　「彼の事務所を訪れたとき、彼はもう帰宅していた。」

☆「経験」

　　　　It was difficult for me to find his office, because I **had** not **visited** it before.
　　　　「以前に訪問したことがなかったので、彼の事務所を見つけるのは難しかった。」

☆「継続」

　　He **had been** the president of the company for five years until he retired at the age of sixty.
　　「60歳で退職するまで、彼は5年間、その会社の社長だった。」

☆「結果」

　　When I arrived at the station, I found I **had lost** my wallet. [So I could not buy a ticket.]
　　「駅に着いたとき、私は財布をなくしてしまったことに気づいた。［それで切符が買えなかった。］」

9　未来完了時制

★　**表現形式と要点**

　《will（／shall＝1人称）＋have＋過去分詞》という表現形式をとる。内容的には、未来の一時点における動作や状態の（予想上の）「完了」・「経験」・「継続」・「結果」を表す。ただし、実際には、未来完了時制が用いられることは少なく、未来時制によって代用される場合が多い。

★　**主な用例**

☆「完了」

　　I **shall have finished** my homework by ten o'clock.
　　「10時までには宿題を終えています。」

☆「経験」

　　If I visit the castle again, I **shall have been** there three times.

「もう一度その城を訪ねれば、3回訪問したことになる。」

☆「継続」

My husband **will have been** dead for ten years by the end of this month.

「今月末には、夫が死んで10年になる。」

☆「結果」

He **will have lost** his job in a month. [So he will have to find another job.]

「ひと月後には、彼は失職してしまっているだろう。[だから別の仕事を見つけなければならなくなるだろう。]」

10　現在完了進行時制

★　表現形式と要点

《have（／has）＋been＋現在分詞》という表現形式をとる。内容的には、過去の一時点から現在時点までの動作や状態の継続を強調するための表現であるが、発話の時点（現在時点）のみならず、それ以後（＝未来）にわたっても、動作や状態が継続する場合にも用いられる。

★　主な用例

☆動作・状態の「継続」を強調

It **has been** rain**ing** since last night.

「昨夜からずっと雨が降り続いている。」

He **has been** study**ing** since he came home.

「彼は帰宅後ずっと勉強し続けている。」
※ 彼は、今も勉強中だし、勉強はなお続く、という含みを持つ。

11　過去完了進行時制

★　表現形式と要点
　《had + been + 現在分詞》という表現形式をとる。過去の一時点までの動作や状態の継続を強調するのだが、通常は、その動作や状態が過去の一時点においてもなお継続中である。

★　主な用例
☆動作・状態の「継続」を強調
　　　　　He **had been** wait**ing** for a long time when I reached.
　　　　　「私が到着した時点では、彼は長時間待ち続けていた。」
　　　　　She **had been** liv**ing** in London for ten years.
　　　　　「彼女は10年間、ずっとロンドンで暮らしていた。」
※ それ以後も彼女のロンドン生活は続いた、という含みを持つ。

12　未来完了進行時制

★　表現形式と要点
　《will（／shall＝1人称）＋ have ＋ been ＋ 現在分詞》という表現形式をとる。内容的には、未来の一時点までの動作や状態の継続を強調し、その動作や状態が、未来の一時点以降もなお継続するという含みを表す。

★ 主な用例

☆動作・状態の「継続」を強調

 I **shall have been** teach**ing** at this school for ten years by next spring.

 「来年の春までで、10年間、この学校で教えたことになる。」

 ※ 来年の春以降もこの学校で教師を続けるという含みを持つ。

終 章

基礎項目チェックリスト

本章では、これまでに述べてきた英語再学習のための基礎知識を項目ごとにリストアップする。一種の「索引」であると考えてもらってよい。取り上げた項目は、すべて質問形式で記しているので、読者の方々には、一つ一つ答えていってもらいたい（〈参考書の索引をうまく活用する〉という第1章の中の項目の実践編である）。また、本章の後半には、〈覚えておきたい不規則変化動詞一覧〉という見出しのもとに、中学3年間で出てくる68語の不規則変化動詞を一覧表の形でまとめている。規則変化動詞の場合とは異なり、不規則変化動詞には、それぞれ独自の過去形・過去分詞形・現在分詞形がある。したがって、文法の知識がどれだけ豊かであっても、不規則変化動詞の語形変化に関する知識が不十分であれば、完了相の各時制表現や受動態の表現はおろか、過去形の文章すら満足に英作（発話）することができない。その意味で、不規則変化動詞の知識 —— とりわけ、中学時代に学習する使用頻度の高いもの —— は、英語再学習の際に、決して無視することのできない不可欠の基礎知識である。本書の最後に不規則変化動詞の一覧を掲げたのは、そのためである。過去形・過去分詞形・現在分詞形の欄を空白のままにしているので、該当ページを複写し、記入してみてはどうだろうか。

再学習のためのチェックポイント

【第2章より】

◎「8品詞」は？
◎冠詞はなぜ「8品詞」に含まれないのか？
◎文型はなぜ5通りか？
◎動詞の5つの名称は？
◎自動詞と他動詞の違いはどこにあるのか？
◎自動詞と他動詞の見分け方は？
◎2つの目的語の名称は？
◎2つの目的語を伴う動詞の名称は？
◎完全動詞と不完全動詞の違いはどこにあるのか？
◎英文を構成する主要素（4つ）は何か？
◎補語となる単語の品詞（2つ）は？
◎名詞は文のどのような要素となるか？
◎形容詞の2つの働きとその名称は？
◎副詞が修飾する3つの品詞は何か？
◎前置詞が伴う品詞は何か？
◎前置詞により形成される句は何句となるか？
◎接続詞の2つの名称は？
◎代名詞の7つの名称は？
◎間投詞とはどのような性質の品詞か？

【第3章より】

◎第4文型を第3文型に書き換えるためにはどうすればよいか？
◎第4文型を第1文型に書き換えるためにはどうすればよいか？
◎英文の「3つの相」とは何をさすか？
◎意味（内容）の表現形式に基づく文のヴァリエイションは？
◎疑問文のヴァリエイションは？
◎「節」とは何か？
◎節の数と節同士の関係に基づく文のヴァリエイションは？
◎述語動詞のあとの名詞が目的語であるか補語であるかをどのように見分けるか？
◎主格補語とはどのようなものか？
◎目的格補語とはどのようなものか？
◎5W1Hとは何か？
◎「重文」と「複文」の違いはどこにあるか？（「重文」と「複文」の定義をせよ。）
◎「重文」に用いられる接続詞の名称は？
◎「複文」に用いられる接続詞の名称は？
◎従（属）節が果たす3つの機能は？
◎「混（合）文」とはどのような文か？

【第4章より】

◎準動詞とは何（3つ）をさすか？
◎名詞の働きをする準動詞は？
◎形容詞の働きをする準動詞は？

◎副詞の働きをする準動詞は？
◎名詞の形容詞的用法とはどのようなものか？
◎独立不定詞とはどのようなものか？
◎分詞構文が表す5つの意味は？
◎節から分詞構文に書き換える際の手順は？
◎独立分詞構文とはどのようなものか？
◎非人称独立分詞とはどのようなものか？

【第5章より】

◎基本3時制（現在・過去・未来）に伴う3つの相とは？
◎時制表現は全部で何通り？
◎現在時制の主要な5つの用例は？
◎過去時制の主要な5つの用例は？
◎未来時制の2つの用法は？
◎未来時制の代用表現にはどのようなものがあるか？
◎現在進行時制の主要な3つの用例は？
◎未来進行時制の主要な2つの用例は？
◎現在完了時制の表現形式は？
◎現在完了時制・過去完了時制・未来完了時制に共通する主要な4つの用例は？
◎現在完了進行時制の表現形式は？
◎現在完了進行時制の用例は？
◎過去完了進行時制の表現形式は？
◎過去完了進行時制の用例は？
◎未来完了進行時制の表現形式は？
◎未来完了進行時制の用例は？

覚えておきたい不規則変化動詞一覧

原　形	過去形	過去分詞	現在分詞
be			
become			
begin			
break			
bring			
build			
buy			
catch			
come			
cut			
do			
draw			
drink			
drive			
eat			
fall			
feel			
find			
fly			
forget			

原　形	過去形	過去分詞	現在分詞
get			
give			
go			
grow			
have			
hear			
hit			
hold			
keep			
know			
leave			
lend			
let			
lose			
make			
mean			
meet			
overcome			
pay			
put			

原　形	過去形	過去分詞	現在分詞
read			
ride			
rise			
run			
say			
see			
sell			
send			
set			
shine			
show			
sing			
sit			
sleep			
speak			
spend			
stand			
swim			
take			
teach			

原　形	過去形	過去分詞	現在分詞
tell			
think			
throw			
understand			
wake			
wear			
win			
write			

■著者紹介

大園　弘（おおぞの　ひろし）

1959年生まれ。
西南学院大学大学院文学研究科博士前期課程修了（アメリカ文学専攻）。
八幡大学法経学部講師、デューク大学大学院客員研究員を経て、現在、九州国際大学助教授。

論文　「トルーマン・カポーティ、〈昼のスタイル〉における無意識の考察」（『九州英文学研究』第7号）、"On Capote's Motive for Writing *Breakfast at Tiffany's*"（同第14号）などトルーマン・カポーティに関する論文多数。

英語再学習の技法

2000年3月20日　初版第1刷発行

■著　者──大園　弘
■発行者──佐藤　正男
■発行所──株式会社 大学教育出版
　　　　　〒700-0951　岡山市田中124-101
　　　　　電話 (086) 244-1268　FAX (086) 246-0294
■印刷所──互恵印刷㈱
■製本所──日宝綜合製本㈱
■装　丁──ティーボーンデザイン事務所

ⓒ Hiroshi Ohzono, Printed in Japan
検印省略　落丁・乱丁本はお取り替えいたします。
無断で本書の一部または全部を複写・複製することは禁じられています。

ISBN4-88730-372-6

.